為什麼你不敢面對真實的自己？

停止內疚、恐懼，別再製造藉口，過你想過的生活

Your Erroneous Zones

STEP-BY-STEP ADVICE FOR ESCAPING THE TRAP OF NEGATIVE THINKING AND TAKING CONTROL OF YOUR LIFE

偉恩・戴爾 博士 著　林麗冠 譯
Dr.Wayne W. Dyer

整個宇宙的理論，全都準確地針對一個人——那個人就是「你」。

——美國詩人華特·惠特曼（Walt Whitman）

目次

前言——
一份個人宣言

一位演講人站在一群酗酒者面前，決心徹底向這些人證明，酒精無比邪惡。他在講台上，手裡拿著兩個外觀相同、裡面裝有清澈液體的杯子，宣稱其中一個裝的是清水，另一個裝的是純酒。他把一隻小蟲放進裝清水的杯子，每個人都看到，這隻小蟲起先游來游去，後來游向杯子的邊緣，並直接爬上杯口。接著，演講人把這隻小蟲放進裝著純酒的杯子，結果，小蟲在眾目睽睽之下分解了。演講人問道：「你們看，這個故事的寓意是什麼？」會場後排有人相當清楚地回應說：「我覺得它的意思是，如果你喝了酒，體內就絕不會有小蟲。」

這本書裡面有許多「小蟲」——這些小蟲就是基於你的價值觀、看法、偏見和個人史，你只會聽到和感受到的，你想接收的資訊。對寫作而言，想描述這些自毀的行為及克服自毀行為的方式，是相當棘手的。你或許會說，你想深入檢視自己並期望改變，但你表現出來的行為卻往往是另一回事。改變很困難。或許你跟大多數人一樣，將排除那些支持自我犧牲的感覺和行為的想法視為繁重的任務，你會想完全拒絕它。不過，儘管這本書有「小蟲」存在，我想你會喜歡它，我自己很喜歡！而且寫的時候樂在其中。

我認為不應該用輕率的態度來看待心理健康，但也不贊成把心理健康看成是一本正經、充滿晦澀術語的議題。我試著避免使用錯綜複雜的解釋，主要是因為我不相信「快樂」是複雜的事情。

健康是一種自然狀態，我們每個人都了解達到這種狀態的方法。我相信，智慧地結合努力工作、思維清晰、幽默和自信心，是高效益生活的要素。我不相信花俏的公式，也不相信透過歷史回顧來探索你的過往時，會發現因為你小時候受過「嚴格的如廁訓練」，所以其他人應該為你的不快樂負責。

本書描述的是一條獲得幸福快樂的愉快途徑，這個途徑仰賴你為自己負責、對自己作出承諾，再加上對生活的熱愛，以及在當下想選擇成為什麼樣的人。這不是複雜的途徑，而且符合常識，如果你是健康、快樂的人，可能會心想：「我也可以寫這種書。」你說的沒錯，缺乏專業的諮商背景或相關博士學位，一樣可以了解高效益生活的原則。你並不是從課堂上或書本裡學到這些，而是透過追求自身快樂，並針對此事採取行動才學會的。這是我每天從事的工作，同時，我也幫助其他人做出類似的選擇。

本書每一章都仿照心理諮商的方式來撰寫。這種做法的用意，在於盡可能提供自助的機會。每一章都會探索某個特定的誤區（erroneous zone）或某種自毀的行為，並檢視這種行為在我們文化（因此也包括你）中的前例，重點是幫助你了解，**為何**你會陷入這種自毀的誤區中。接著描述落入這個誤區的特定行為，我們談論的行為類型，是那些似乎完全能夠接受，但其實會對自身幸福造成傷害的日常舉止。書中的例子，並不包括有嚴重情緒困擾的臨床案例，而是人們平日幾乎都會傳送出來的神經質行為訊息。看過誤區的行為後，我們要接著檢視，是哪些**因素**使你持續做出讓你不快樂的行為，這包含深入檢視促使你維持自毀行為，而非放棄這種行為的心理支持體系（psychological support system）。這個部分試圖回答以下問題：「我應該避免什麼樣的行為？」以及「如果這種行為對我有害，為什麼它還持續存在？」當你檢視每個誤區時，必然會注意到每一個「獎勵區」（payoff section）都會傳達出類似的訊息，你將發現，保持神經質行為的理由普遍存在於所有的誤區中。基本上，固守已經學會的反應比較安全，即使它具有自毀性質；此外，如果你不去碰觸誤區，你就可以不必改變和負責。在整本書中，這些令人安心和安全的報酬顯而易見，你會開始看到，你的心理支持體系會讓你避免受到責備，並且阻止改變的機會。你是基於同一個原因而維持許多不利自己的行為，認清這項事實將有助於全面成長。排除這些原因，你就可以根除所有的誤區。

本書每一章都會提出一些排除自毀行為的直接策略。這種形式就像輔導諮商，也就是探索難題以及難題浮現之處、檢視這種自毀行為、洞察起因，並且擬出排除這個麻煩區域的策略。

有時候，這種方法會讓你覺得一再重覆。那是個好跡象——一種有效思考的跡象。擔任心理治療師許多年，我知道，有效思考——可以改變自毀行為的思考——並不會只因為說了些什麼就發生，一項洞見必須一而再，再而三地重覆，只有當你完全接受與理解它時，你才能開始改變行為。因此，本書某些篇章必須一再重申某些主題，就像在一系列諮商過程中必須一再提出它們一樣。

本書有兩個中心主題，第一個主題是關於你選擇自己情緒的能力，從你已經做出或未能做出的選擇為出發點，開始檢視你的人生，讓你對「你是什麼」與「你覺得自己如何」負起全責。成為更快樂和更有效益的人，意味著你對現有的選擇更清楚。**你是你所有選擇的總和**，我「極度」相信，有了適當的激勵與努力，不論你選擇什麼，樣樣都做得到。

本書強調的第二個主題，是把握當下，這個句子會一再反覆出現。要排除誤區並創造自身幸福，關鍵就是把握當下。你能體驗任何事物的時間，就只有一個時刻，那就是「現在」，但你卻一直沈緬於過往或未來的經驗，因而浪擲許多光陰。充分實現你的當下，就是高效益生活的試金石，其實，所有自毀行為（誤區），都是因為一直想生活在其他時刻，而非活在當下。

本書幾乎每一頁都強調「選擇」和「活在當下」。你仔細閱讀之後，會開始自問以前從未想過的問題。「為什麼我現在要選擇覺得沮喪？」以及「我如何能夠更有效運用我的當下？」一個從誤區走向自立自強和快樂幸福的人，會在內心如此自問。

本書以一個人的簡單形象作為總結：這個人排除了所有的誤區，並生活在自我掌控而非外在控制的情感世界裡。下面提出了二十五個問題，目的在於衡量你選擇幸福及實現幸福的能力，請盡可能客觀地回答問題和評估自己，以及你是如何活在當下。回答「是」，就表示具備個人掌控力和有效的選擇能力。

1. 你相信你的思想是屬於自己的嗎？（第1章）
2. 你有能力掌控自己的感覺嗎？（第1章）
3. 你能自我激勵而非仰賴外在激勵嗎？（第7章）

4. 你不需要他人的認可嗎？（第3章）
5. 你自己設立行為規範嗎？（第7章）
6. 你沒有要求正義或公平的念頭嗎？（第8章）
7. 你能接受自己並避免抱怨嗎？（第2章）
8. 你沒有英雄崇拜心理嗎？（第8章）
9. 你是實行者而非批評者嗎？（第9章）
10. 你喜歡神秘和未知的事物嗎？（第6章）
11. 你能避免以絕對的詞句來形容自己嗎？（第4章）
12. 你能一直都愛自己嗎？（第2章）
13. 你能靠自己扎根嗎？（第10章）
14. 你已經排除所有的依賴關係嗎？（第10章）
15. 你已經排除生活中的歸咎和挑剔批評了嗎？（第7章）
16. 你能避免罪惡感嗎？（第5章）
17. 你能避免為未來擔心嗎？（第5章）

18. 你能付出愛和接受愛嗎？（第2章）
19. 你能避免在生活中動怒嗎？（第11章）
20. 你已經革除拖延的生活習慣嗎？（第9章）
21. 你學會如何有效處理失敗了嗎？（第6章）
22. 你能夠在沒有計畫的情況下自得其樂嗎？（第6章）
23. 你能夠欣賞並製造幽默嗎？（第11章）
24. 別人對待你的方式是你期望的嗎？（第10章）
25. 激勵你的因素，是你的成長潛能，而非覺得有必要彌補自己的不足？（第1章）

如果你願意捨棄一生中所學到的許多「應該」或「必須」，那麼在人生的任何時刻，你都可以對上述的所有問題說「是」。真正的抉擇是：你決定要自由自在，還是繼續因為別人對你的期望而受到束縛。

我的朋友桃樂絲・華謝（Doris Warshay）聽了我一場演講後，寫了一首詩送我，詩的名稱就叫〈新方向〉（*New Directions*）：

我想要盡己所能地行遠，
我想要接觸自己靈魂深處的喜悅，
改變我所知的極限，
感受自己心志和精神的成長；

我想要生活、存在、生存，
傾聽自己內在的真理。

我相信，這本書將協助你排除任何可能會阻礙你擁有美麗新體驗的「小蟲」或眼罩，並發現和選擇你自己的新方向。

第 1 章　做自己的主人

偉大的本質，是在各種環境裡，當別人選擇瘋狂愚蠢時，你有能力選擇自我實現。

回頭看看吧，你會注意到一個如影隨形的同伴。因為找不到更好的名稱，我們暫且稱之為「你自己的死亡」。你可以對這位訪客敬而遠之，也可以利用它使自己獲益，就看你怎麼選擇。

死亡難料，生命苦短，所以要自問：「我不該做我真正想做的事嗎？」「我應該過別人要我過的那種生活嗎？」「事情有重要到需要堆積嗎？」「拖延是生存的方式嗎？」你的回答很可能可以用幾個字來總結：生活……做你自己……享受……愛。

你可以庸人自擾，恐懼死亡，也可以利用死亡來協助自己學會有效益地生活。看看大文豪托爾斯泰（Tolstoy）《傻子伊凡》（*Ivan the Fool*）裡的男主角伊凡．伊奇（Ivan Ilych）怎麼說。伊凡在等待大魔鬼時，思索著自己完全受人支配的過去，以及為了融入體制而放棄掌握自己的人生：

「假如我的人生全盤皆錯，要怎麼辦？」他突然想到，以前認為完全不可能的事（意即，他一直沒有過他應該過的日子），現在覺得可能是真的。過去他很少注意的衝動（他會立即壓抑衝動），可能才是真實的東西，其他一切都是虛假的。至於工作職責、個人生活與家庭的整體安排，以及一切社交與公務上的興趣，可能全都是虛假的。他試著向自己辯解這一切，又突然感覺到這些說法的弱點，他其實沒有什麼能辯解的……

下次，當你考慮一項決定，思索是否要做自己的主人及作出自己的選擇時，先問自己一個重要問題：「我會活多久？」從這種永恆的觀點來看，你就可以作出自己的選擇，而把憂慮、恐懼、是否能承擔後果及內疚，留給那些自認為可以得到永生的人。

如果你不開始採取這些步驟，可以預見，你畢生都會過著別人要你過的生活。當然，人生苦短，至少在過程中要讓自己感到愉快。簡而言之，這是你的人生，所以儘管隨心所欲做你想做的事。

快樂與智商

想做自己的主人，需要先去除一些非常普遍的迷思。首先要去除的一個觀念是：智商是根據你解決複雜問題、讀寫與運算，以及快速解開抽象方程式的能力來衡量的。這種對知識的見解是將正規教育與課業優異程度視為衡量自我實現的標準。這種觀念鼓勵了某種對知識勢利的態度，並帶來一些令人洩氣的後果。我們往往認為，擁有較多獎章、在某些學科（數學、科學、大量字彙、事實記誦、閱讀速度）相當拿手的人，就是「具有智慧」。但是在精神病院裡，雖然樣樣一竅不通的人所在多有，而擁有良好學經歷者也不乏其人。因此，衡量智慧的真正標準，是每天、每刻都過著高效益且快樂的生活。

如果你快樂，而且每一刻都是為了每件值得的事而活，那你就是智者。解決問題有助於使你快樂，但如果你知道，即使無法解決特定問題，你還是可以選擇快樂，或者至少可以拒絕選擇不快樂，你就具有智慧，因為你擁有對付神經崩潰的最佳武器。

或許你會很驚訝地發現，世上沒有所謂的神經崩潰。神經不會崩潰，假如把某人的頭部切開，想尋找中斷的神經，是絕對找不到的。智者不會神經崩潰，因為他們能控管自己，他們明白怎麼選擇快樂而非沮喪，因為他們知道如何**處理**生活中的問題。請注意，我說的是「處理」而非「解決」問題。智者衡量智慧，並不是根據**解決**問題的能力，而是根據是否擁有讓自己保持快樂和價值的能力，不論問題是否獲得解決。

你可以根據自己在艱難環境中選擇感受的方式，決定能否開始將自己視為真正的智者。對每個人來說，生活的奮鬥大同小異。在任何社會環境中，每個與別人有往來的人，都會面臨類似的困難：意見不合、衝突和妥協，這是人之所以為人的一部分。同樣地，金錢、生老病死、天災人禍，也幾乎是所有人無可避免的問題。但儘管事情發生，有些人仍能設法克服，避免沮喪和不快；但有些人卻承受不了，變得遲鈍呆滯，或是神經崩潰。能認清有各種問題是人類的一種狀況，也不會用「有沒有問題」來衡量快樂，這種人就是我們所知最具智慧的人，也是最稀有的人。

學習完全主宰自己，涉及了一套全新的思想過程，事實證明，這個過程相當困難，因為在社會中有太多力量反對由個人承擔自己的責任。在生命的任何時刻，每當要選擇採取什麼感覺，你必須信任自己的情緒感覺能力。這是一種激進的觀念。你可能一向都認為自己無法控制情緒；認為生氣、恐懼、憎恨、愛、狂喜與歡樂，都是突發性的。人們無法控制這些事，就只能接受它們。當悲傷的事情發生時，你只是自然而然感到悲傷，並希望隨後有快樂的事出現，這樣就可以很快轉悲為喜。

選擇自己想有的感覺

感覺不只是發生在你身上的情緒，也是你選擇產生的反應。如果你能控制自己的情緒，就不必選擇不利自己的反應。一旦學會感覺自己所選擇的感覺，就踏上了「智慧」之路——這條路不會讓你通往神經崩潰，而是全新的路，因為你將把特定的情緒視為一種選擇，而非一種生活狀況。這是個人自由的核心精髓。

你可以用邏輯來反駁「無法控制情緒」的迷思。利用簡單的三段論法，你可以藉由思想與情緒展開主宰自己的過程。三段論是一種邏輯的表示式，包括大前提、小前提，以及根據這兩個前提之間的一致性所得到的結論。

符合邏輯的三段論

大前提：亞里斯多德是人。
小前提：人的臉上都有汗毛。
結論：亞里斯多德臉上有汗毛。

不合邏輯的三段論
大前提：亞里斯多德臉上有汗毛。
小前提：人的臉上都有汗毛。
結論：亞里斯多德是人。

顯然，你在運用大、小前提一致的邏輯時必須小心。因為在第二個說明中，亞里斯多德也可能是隻猿猴或是鼹鼠。以下的邏輯練習可以讓你永遠拋開你無法掌控自己情緒的觀念。

大前提：我可以控制自己的思想。
小前提：我的感覺來自我的思想。

結論：我可以控制自己的感覺。

你的大前提很清楚。你有權力思考要選擇讓什麼事物進入你腦中。如果有什麼事物「蹦進」你腦中（你選擇把它放在那兒，雖然你可能不知道為什麼），你仍然有權力把它拋諸腦後，因此，你仍然能夠控制你的心理世界。如果我對你說：「想想一隻粉紅色的羚羊。」你可以把牠想成綠色，或是想成一隻豪豬，或想成其他你選擇的任何事物。是你自己在控制進入你腦中的想法。如果你不相信這一點，請回答這個問題：「如果控制你思想的人不是你自己，那是誰？」是你的配偶？你的老闆？或你媽媽？如果是**他們**控制你的思想，就把他們送去做心理治療吧，這樣你立刻就會好轉了。只有你能控制自己的思考裝置（除非是在極端的洗腦或制約實驗環境中，但那並不是你生活的一部分）。你的思想是你自己的，只有你才能予以保持、改變、分享或思考。沒有人能進入你的腦中，在你產生想法時也跟著感同身受。你的確控制了自己的思想，你的頭腦是你自己的，只有你才能決定如何加以運用。

從這項論證和你自己的常識來看，你的小前提也幾乎無可爭議。你是先有一種念頭，才會有一種感覺（情緒）。把你的頭腦取走，你「感覺」的能力會跟著喪失。感覺是對念頭的生理反應。如果你哭泣、臉紅、心跳加快，或產生其他種種潛在的情緒反應，你必然會先從思考中樞得到信號。一旦思考中樞受傷或短路，就無法產生情緒反應。如果腦部受到某些損傷，甚至可能導致無法感受身體的疼痛，即使手放在火爐上，也不會有痛感。你知道，你不可能繞過思考中樞而經歷身體的任何感覺。因此，你的小前提也是事實。你的每一種感覺，都是先有念頭，沒有了頭腦，就不會有感覺。

因此，你的結論也是必然的。如果你控制自己的思想，而你的感覺是來自你的思想，你就能控制自己的感覺。簡單來說，你認為是某些事或某些人使你不快樂，但這不是真的。你是因為對生活中某些人或某些事抱持某種想法，而使自己不快樂。想要成為自由而健康的人，就該學習以不同的方式**思考**。一旦你能改變想法，新感覺就會開始出現，你將在通往個人自由的路途上踏出第一步。

如果想從更個人的角度來看這三段論法，可以看看卡爾的例子。卡爾是一位年輕主管，上司認為他很笨，他終日都在為這件事苦惱。卡爾很不快樂，因為他上司瞧不起他。但如果卡爾不知道上司認為他笨，他還會不快樂嗎？當然不會。他怎麼可能對不知道的事不高興呢？因此，他的上司怎麼認為或怎麼不認為，都不會使他不快樂。是他自己的想法使他不快樂。此外，卡爾確信別人的想法比他自己的想法重要，所以使得自己不快樂。

這套邏輯可以應用到一切人、事、物的觀點上。某人過世不會使你不快樂，除非你知道這項死訊，否則你不會難過，所以關鍵不在於死訊本身，而在於你就此事跟自己說了什麼。刮颱風本身不會使人沮喪，沮喪的是人自己。如果你因為聽說有颱風而沮喪，那是你跟自己說了些讓自己發愁的事。這並不是說，你應該騙自己為颱風消息感到開心，而是應該自問：「為什麼我要選擇沮喪？這樣會幫助我更有效地應付這件事嗎？」

即使三段論呈現的真相是，你一向都要為自己的感覺負責，但你從小生長的文化環境教你不要為自己的感覺負責。你學到很多說法，讓你不斷爭辯「確實是你在控制自己的感覺」這項事實。以下是這類說法的簡短清單，你之前一再運用這些說法，看看它們傳送出來的訊息。

- 「你傷害我的感情。」
- 「你使我感覺很糟。」
- 「我忍不住有這種感覺。」
- 「我就是覺得生氣，別問我為什麼。」

- 「他讓我難受。」
- 「我懼高。」
- 「你讓我很尷尬。」
- 「她真的讓我很火大。」
- 「你讓我當眾出醜。」

這張清單可能永遠列不完。每一種說法隱含的訊息是，你不用為自己的感覺負責。現在重寫這張清單，使內容更正確，並能夠反映出：你能控制自己的感覺，而且你的感覺來自你對事情的想法。

- 「我傷了自己的感情，因為我跟自己說你對我有何反應。」
- 「我讓自己覺得很糟。」
- 「我可以不這麼感覺，但我選擇陷入沮喪中。」
- 「我決定生氣，因為我通常會用生氣來操縱別人，而他們認為我在控制他們。」

- 「我讓自己難受。」
- 「我站在高處，就會自己嚇自己。」
- 「我讓自己尷尬。」
- 「我一接近她，就會讓自己很激動。」
- 「我讓自己覺得當眾出醜，因為我把你對我的觀感，看得比我對自己的觀感還重，而且認為別人也有同感。」

也許你認為，第一張清單中列出的項目只是些比喻，實際上沒有什麼意義，只是我們文化中的陳腔濫調。如果這是你的想法，你應該自問，為何第二張清單上的說法沒有變成陳腔濫調。答案在於，我們的文化只教我們第一張清單的想法，而未鼓勵我們思考第二張清單的邏輯。

這其中的訊息很明顯，你應該為自己的感覺負責。你感覺自己所想的事，而且可以學習用不同的方式思考——只要你下定決心。問問自己：悶悶不樂、垂頭喪氣或傷痛苦惱，值得嗎？然後開始深入檢討，哪種想法讓你產生這些沮喪的感覺。

學習擺脫不快樂是項艱鉅的任務

要用新方式思考並非易事，因為你已經習慣某套想法，以及隨之而來的沮喪念頭。你需要花費許多工夫，才能擺脫到目前為止已經吸收的所有思考習性。快樂很容易，但學習擺脫不快樂卻很困難。

快樂是人的一種自然狀況，從小孩子身上就能看到最顯而易見的證明。棘手的是該如何忘卻過去已經消化的所有「應該」和「必須」。控管自己，要從自我了解開始，當你說「他傷害我感情」這類的話時，要意識到自己說錯了。在做某件事時，要提醒自己在做什麼。想要有新想法，需要先了解舊想法，你已經習慣把你感覺的成因認定是外在因素。你已經花很多時間強化這種舊想法，現在需要以同樣多的時間花在新想法上，以達到平衡，這種新想法是，你要為自己的感覺負起責任。這是極為困難的事，但是那又如何？當然沒有理由逃避這項做法。

回想你當初學開手排車時所面對的一個似乎難以克服的問題：汽車有三個踏板，但你只有兩隻腳可以操作。你要先了解這項任務的複雜性。開車時，要慢慢鬆開離合器，如果太快鬆開，車子會一震，左腳鬆開離合器時，右腳同時要以同樣的速度慢慢踩油門。煞車時，右腳踩在煞車踏板上，但左腳必須踩下離合器，否則車子又會一震。有上百萬個心理訊號暗示我們：要持續思考，運用大腦。但要怎麼做呢？要先認知了解，然後要經過無數次嘗試、錯誤、重新嘗試，終於有一天，你坐上車子，順利駕駛。車子不會熄火、不會猛然一震，你開車時也可以**不假思索**。開手排車變成一種本能，你怎麼做到的？你費了很大的工夫，做了許多當下的思考、提醒、操作。

做體力工作時，你知道如何調整心志，例如讓你的手腳協調以便開車。在情緒世界中也有相同，但較不為人知的過程。你現有的習慣，是靠你畢生日積月累強化而學到的，你自然而然地不快樂、生氣、苦惱、沮喪，因為你早就學會這麼想，你早已接受自己的行為，從未加以挑戰。但你可以學著擺脫不快樂、生氣、苦惱、沮喪，就像你以前學習那些對自己不利的事一樣。

例如，人們教你知道，看牙醫是很糟的經驗，總是跟疼痛相關，你總是覺得那是令人不愉快的事，甚至會對自己說些「我痛恨鑽牙」之類的話。但這些都是學來的反應。其實，你可以選擇把這整個經驗當作令人愉快、興奮的程序，藉此使它對你有利，而非對你不利。如果你真的決定運用自己的大腦，你可以把鑽牙聲想成一次美妙的性經驗，每當「滋滋滋」的聲音出現時，你可以訓練自己的心志，想想生活中最狂歡的時刻。你可以想著與你的痛苦毫不相干的事，選擇感受新奇和愉快的事。主宰和掌握自己看牙時的環境，不要老想著以往看牙的印象，一味忍受痛苦，這樣你會興奮和滿足得多。

也許你會感到懷疑，可能還會說些諸如此類的話：「我可以要怎麼想就怎麼想，但是當牙醫開始鑽牙時，我還是會很不愉快。」請你回想學開手排車的經驗。你何時**相信**自己是會開車的？唯有重複執行某個想法，而非只試一次就把最初的失敗當作放棄的理由，這個想法才會成為一種信念。

控管自己，不只需要嘗試新想法，還需要有決心，決心選擇快樂，並挑戰和摧毀每個可能讓你自己選擇不快樂的想法。

選擇就是終極自由

如果你仍然認為你並沒有選擇不快樂，那就試著想想事情的經過吧。只要你變得不快樂，就是了受到某種你認為不愉快的對待。或許你被單獨關在一個房間良久，或者相反地，你被迫進入擁擠的電梯，而且必須待在那裡好幾天。你可能被剝奪一切食物，或者被迫吃些你覺得味道特別差的東西。或者，你受到折磨——別人施加的肉體折磨，而非你自己造成的心理折磨。想想看，除非你能讓你的不快樂感消除，否則你就是在承受上面所提到的懲罰。你認為這樣自己還會繼續堅持這些不快樂感多久？你可能很快就會加以控制。所以，問題不在於你是否能控制自己的感覺，而在於你是否願意控制。在你做這種選擇之前，你必須忍受什麼？有些人寧可發瘋，也不肯選擇控制自己的感覺，有些人乾脆放棄，過著悲慘的生活，因為他們認為自己獲得憐憫的效益，大於選擇快樂所得到的回報。

問題在於，在生活中的任何特定時刻，你是否有能力選擇快樂，或至少不選擇不快樂。這也許是個令人震驚的觀念，但你在拒絕它之前，應該先仔細考慮，因為拒絕它就是放棄自己，也就是相信控管你的是別人，而非你自己。其實，選擇快樂，可能比選擇那些每天打亂你生活的事來得容易。

正如你可以自由選擇快樂、擺脫不快樂，在日常生活的無數事件中，你也可以自由選擇自我實現的行為，擺脫對自己不利的行為。如果開車經常遇到交通阻塞，你會因而生氣、臭罵其他駕駛人、責怪乘客，把情緒發洩在任何人或任何事情上嗎？你是不是會說，交通阻塞總是使你急躁，你對這種情況沒有控制力，想藉此為自己辯白？如果是這樣，你就是對在塞車時的自己及自己的行事反應，有習慣的思考方式。但如果你決定想其他的事呢？如果你選擇以自我提升的方式運用你的大腦呢？這需要時間，不過你可以學習以新方式跟自己對話，並習慣新的行為，包括吹口哨、唱歌、開啟錄音機錄一段話，甚至限定自己只能再生三十秒的氣。你還未學會喜歡交通阻塞，但已學會運用新想法，即使一開始速度非常緩慢。你已經決定擺脫不安，選擇以緩慢漸進的步驟，用健康的新感覺與習慣，來取代原本對自己不利的情緒。

你可以選擇讓任何經驗變得愉悅且富有挑戰性。沈悶的宴會或會議，都是可用來選擇新感覺的絕佳場合。當你覺得無聊時，可以讓心思轉往令人興奮的方向，改變你專注的主題，或撰寫你小說的第一章，或擬訂一些可幫助你日後避免這種情況的新計畫。積極運用你的頭腦，也就是評估那些帶給你最大困難的人和事，接著決定採取新的心智上的努力，使那些人和事有利於你。比方說，在一家餐廳裡，如果你因為對方服務太差而生氣，先想想，為什麼你不應該因為某人或某事不合你意而選擇生氣。你很有價值，不會因為別人而生氣，尤其是為在你生活中無足輕重的人。接著，可以擬定策略改變環境，或是離開那裡，但是別感到心煩意亂。運用你的大腦，最後你一定會養成好習慣，在事情出錯時也不會氣惱。

選擇健康而非疾病

你也可以選擇排除某些並非源於已知器官功能障礙的身體疾病，有些常見的身體疾病通常不是源自生理失調，其中包括頭痛、背痛、潰瘍、高血壓、起疹、抽筋、陣痛等等。

我曾有個病患，她發誓四年來每天早上都會頭痛，清晨六時四十五分，她就等待頭痛來臨，然後服下止痛藥，她也一直向每位朋友及同事訴說她有多痛苦。我向她暗示，她其實是想要頭痛，並選擇頭痛，以引起他人注意、同情和憐憫。我也建議，她可以學習為自己擺脫頭痛，並且把頭痛部位從前額中央轉移到頭的一側，這樣她就會發現，只要能學會移動頭痛部位，就能控制住頭痛。第一天早晨，她六點半醒來，躺在床上等待頭痛，頭痛果真來了，於是她**想像**頭痛跑到頭部的另一個位置。她為自己做了新的選擇，最後，她完全可以選擇不再頭痛。

愈來愈多證據支持一個觀念：人們甚至會選擇腫瘤、感冒、關節炎、心臟病、「意外傷害」，以及許多其他病痛，包括一向被視為防不勝防的癌症。在治療所謂「絕症」病患時，有些研究人員開始相信，協助病患拒絕任何形式的疾病，可能是緩和這種內在殺手的一種辦法。有些文化就是以這種方式治療病痛，完全控制腦部，使控制自我等同於**控制腦部**。

腦部由數百億個細胞構成，有足夠的儲存能力，每秒能接受十件新事情。據保守估計，人腦能夠儲存的資訊量相當於一百兆個字，人類只用了這個儲存空間的一小部分。這是一個能夠隨身攜帶的強大工具，你可以選擇將它應用在你從未想過的神奇用途。閱讀本書時，要隨時記住這一點，並嘗試著選擇新的思考方式。

不要太快斷言這種控制是江湖醫術。大多數醫師都看過，有些病患會選擇生某種不知生理成因的疾病。常見的情況是，當人們面臨某種艱困的環境，他們會離奇生病；或是當環境「無法」允許人們生病時，他們會避免生病，並將後果往後延，等到重大事件結束後，他們就會病倒。

我知道有個病例是一位三十六歲的男子，他的婚姻很不幸福。他在一月十五日決定，要在三月一日那天離開他的妻子。二月二十八日那天，他發燒到四十度，並開始嘔吐不止。後來這變成反覆發生的現象，每次他下決心要離婚，就會感冒或是消化不良。他這種行為就是在做選擇。生病要比面對隨著離婚而來的內疚、恐懼、羞愧來得容易。

聽聽我們在電視看到和聽到的廣告：

「我是股票經紀人……所以你可以想見，我總是很緊張而且犯頭痛，我得服用這種藥丸才能夠消除病痛。」這則廣告傳達的訊息是：如果你從事某些工作（教師、主管、父母等），就無法控制你的感覺，只能靠其他東西來幫你。

我們每天都會面臨這類訊息的轟炸，這類訊息的涵義很清楚：我們是無助的囚犯，必須靠別人或其他東西為我們做事。這根本是**一派胡言**。其實，只有你才能夠改善自己的命運，或是讓自己快樂。學習控制自己的心志，然後按照自己選擇的方式去練習感覺和行為，一切由你自己決定。

避免停滯不前

當你衡量自己選擇快樂的潛力時，記住「**停滯不前**」這個詞可以做為你生活中負面情緒的指標。你可能認為，憤怒、敵意、害羞和其他類似感覺，有時候值得擁有，所以你想抓住它們。你必須考量的，應該是你因為這種感覺而停滯不前的程度。

停滯不前的範圍包括徹底不動、優柔寡斷、猶豫不決。你因為生氣而說不出話、無法感覺，或做不了任何事嗎？如果是這樣，你確實就是停滯不前。你因為害羞而不敢去見你想見的人嗎？如果是這樣，你確實就是停滯不前，失去你應該獲得的經驗。你的憎恨與嫉妒心理，使你得了潰瘍或血壓上升嗎？影響你的工作績效嗎？你因為當下的負面感覺，而無法入睡或做愛嗎？這些都是停滯不前的跡象。**停滯不前**：無論嚴重程度如何，在這種狀況下，你都無法做到想要做的地步。如果感覺導致這種狀況，你必須不假思索地擺脫它們。

以下是簡短的檢核表，其中的例子顯示，你可能落入停滯不前的狀況。這些狀況的嚴重程度不一：

這些情況代表你停滯不前：

- 你沒辦法與另一半和孩子們親熱地聊天，雖然你心裡想這麼做。
- 你無法進行自己感興趣的計畫。
- 你沒有做愛，但很想做。
- 你成天待在家裡想事情。
- 你不打高爾夫、網球，或從事其他娛樂活動，因為事後會留下痛苦的感覺。
- 你無法對某個吸引你的人自我介紹。

- 你避免和某人講話，即使你明白，只要舉手之勞就能改善與對方的關係。
- 你睡不著覺，因為有些煩心的事。
- 你的怒氣使你無法清楚思考。
- 你辱罵你所愛的人。
- 你的臉抽搐，或是因為整個人太過緊張，無法隨心所欲做事。

停滯不前會造成重大破壞。幾乎所有的負面情緒都會造成某種程度的停滯，光是這一點，就是一個充分理由，讓你非得將這些情緒完全從生活中排除不可。也許你會覺得，在某些狀況下，負面情緒會帶來好處。比方說，你氣急敗壞地對孩子大吼，以便強調你不希望他在街上玩耍。如果這種生氣的吼聲只是一種用來強調的策略，而且也的確發揮作用，你就是採用了健全的策略。但如果你對別人大吼，並不是要表明看法，而是因為自己怒火中燒，那你就是讓自己停滯不前。這時你應該做新的選擇，使你能達到阻止孩子在街上玩耍的目的，又不會讓自己產生有害的感覺。本書第十一章會進一步討論生氣及拉長發怒的間隔時間等行為。

活在當下的重要性

不論停滯的程度有多輕微，克服它的一個方式，就是學習活在當下。活在當下，與你的「現在」接觸，就是高效益生活的核心。你只要想想就會發現，我們從來就無法活在其他時刻中。現在就是一切，未來只是另一個現在，當它來臨時，你才會在那一個現在中生活。有一件事很確定——未來還沒來臨之前，你不可能活在其中。但問題在於，我們生活在一個不重視現在的文化中，我們總是，省下錢為將來打算！要考慮後果。別做享樂主義者，想想明天！為日後的退休預作規畫。

在我們的文化中，「逃避當下」幾乎是一種病，我們持續被制約，習慣為了將來而犧牲現在。就邏輯上的結論，這種態度不只避免在現在享樂，也永遠避免了快樂。當未來到來時，它就變成現在，因此我們必須用它為未來做準備。好像快樂是明天才能得到的東西，因此要避開它。

逃避當下的病症有許多形式，以下是這種逃避行為的四個典型例子。

莎麗．福斯太太決定走進森林，沈浸在大自然中，與自己的當下接觸。在森林裡，她讓思緒任意馳騁，一直想著此時應該在家處理的所有事情……孩子、生活用品、房子、帳單，一切都處理好了嗎？其他時候，她的心思則想著離開森林後要做的所有事情。她失去了當下，取而代之的是過去與未來的事，這種在大自然中享受當下快樂的難得機會，就此失去。

珊蒂．薛爾太太到小島玩，她整個假期都在做日光浴。她此行不是為了感受日光照在身上所帶來的快樂，而是期望當她帶著一身美麗的古銅色皮膚回去時，朋友會說些什麼。她的心思放在未來，當未來的時刻來到時，她又惋惜不能回到海灘享受日光。如果你認為社會並沒有助長這種態度，不妨想想某家防曬乳公司的廣告詞：「如果你使用本產品，你回家後他們會更嫉妒你。」

尼爾．普瑞爾先生有性無能的問題。他與妻子共度當下的時候，心裡卻想著一些過去或未來的事，於是他的現在就悄悄溜走了。當他終於設法將注意力集中於現在，並開始與妻子做愛，他又把她想成另外一個女人，而他妻子也同樣幻想著不在她身邊的戀人。

班．費辛先生正在讀一本教科書，而且努力專心地讀。突然間，他發現自己只讀了三頁，心思正不知飄向何處。他並沒有吸收書上任何一個觀念，即使眼睛盯著每一個字，腦袋卻避開了裡頭的資料。其實他只是進行閱讀的儀式，而他的當下，已經被思考昨晚的電影或擔心明天的小考所占據了。

當下，是與你常相左右、捉摸不定的時刻，如果你讓自己專注於當下，當下可以成為最美好的經驗。享受每一個時刻，擺脫已經結束的過去，以及總會及時出現的未來。抓緊現在，把它當作你唯一擁有的時刻。另外也要記住，希望、期望和後悔，是逃避現在最普遍、也最危險的戰術。

逃避現在，往往會把未來理想化，以為在未來某個奇蹟時刻，生活將會改變，一切事情將順順利利，你也會找到快樂；只要你完成那個特殊的事件——畢業、結婚、生子、晉升——生活將轟轟烈烈地展開。但事件真的來臨時，情況往往令人失望，而且從來都無法如你所願。回想你的初次性經驗吧，經過長久的等待，結果沒有出現像國慶日般的歡樂高潮，也沒有強烈抽搐，你只是奇怪為什麼每個人對這種事都小題大作，描述誇張，你或許還會有「事情就是如此而已？」的感覺。

當然，當事情不符合你的期望時，你可以再次設定理想，以擺脫沮喪感。別讓這種惡性循環變成你的生活方式，現在就用某種策略性的即刻滿足，中斷這種惡性循環。

早在一九〇三年，作家亨利．詹姆斯（Henry James）在《奉使記》（*The Ambassadors*）中就提出以下的忠告：

> 認真過日子，如果不這麼做，就是一種錯誤。只要擁有自己的生活，做什麼並不太重要。如果你不曾擁有自己的生活，你還擁有什麼？會失去的總會失去，這一點無庸置疑……只要仍有幸擁有……生活，任何時候都是最適當的時候。

就像托爾斯泰筆下的傻子伊凡一樣，若你回顧自己的一生，會發現你很少會因為自己做的事而後悔，使你煩惱的往往是你尚未做的事。因此，這裡要傳達的訊息很明顯：現在就去做！珍惜當下，抓住生命中的每一秒，細細加以品味，重視你的現在。用任何對自己不利的方式耗盡當下，就意味著永遠失去它們。

「當下覺察力」（present-moment awareness）這個主題在本書的每一頁都出現。知道如何掌握現在並充分加以運用的人，就是已經選擇過一種自由、有效益且充實滿足的生活。這是我們每個人都能做的選擇。

成長動機 vs. 不完美動機

如果你選擇讓生活變得快樂和充實滿足，有兩種需求或許可以激勵你，較常見的是所謂的不完美或匱乏動機，而較健全的是成長動機。

如果把一塊石頭放在顯微鏡底下仔細觀察，它永遠不會有變化。但如果把一塊珊瑚放在顯微鏡底下，就可以發現它在成長與變化。結論是，珊瑚是活的，而石頭是死的。你如何分辨一朵活的花和一朵死的花？會成長的就是活的。生命唯一的證據是成長！心理世界也一樣，如果你會成長，你就是活的。如果你不成長，很可能是死了。

你的動機可以是出於成長，而非想要彌補匱乏。如果你體認到，你總是在成長、進步、變得充實和更好，那就夠了。當你決定停滯，或產生有害的情緒，你就是做了拒絕成長的決定。成長的動機，意味著把你的生命力用來追求更大的快樂，而非是因為犯罪或在某方面有缺失而必須改善自己。

選擇成長動機，能讓你在生活中的每個當下自我超越，「超越」意味著自己是自己命運的決定者。蕭伯納（George Bernard Shaw）在《華倫夫人之職業》（*Mrs. Warren's Profession*）中說：

人們總是把自己的境遇歸咎於環境。我不相信境遇。世上的成功者，都努力尋找自己所要的境遇，如果找不到，他們就創造這種境遇。

不過，記住本章開頭所說的，要改變個人的思考、感覺或生活方式是可能的，但絕不容易。假設有人用槍指著你，告訴你必須在一年內完成一項艱難的任務，比方說在四分三十秒內跑完一哩路，或是跳下跳板做一次完美的後空翻跳水，做不到就要處死，你就必須訂定嚴格的時間表，每天練習，直到做到為止。你要訓練自己的**心志**和身體，因為你的心志告訴你的身體要做些什麼。你練習、練習、再練習，永遠不向停止或鬆懈的誘惑屈服。最後你可以完成任務，並因此救自己一命。

當然，這個杜撰的小故事是為了指出一個論點。沒有人期望一夕之間就能練好身體，但太多人卻期望自己的心志能這樣敏捷地反應。在我們試著學習新的心理行為時，甚至期望只嘗試一次，它就成為我們的一部分。

如果你想避免神經質行為、能夠自我實現，並控制自身的選擇，真正獲得當下的快樂，就必須像執行任何艱困的計畫一樣，以嚴格的方式學習擺脫對自己有害的想法。

為了掌握這種自我實現，你需要不斷告訴自己，你的心志確實只屬於自己，你能控制自己的感覺。本書以下部分，將會讓你開始確切地重複這些主題，致力於幫助你達到自己的目標：你可以選擇，如果你決定要控管自己，你的當下就是屬於你自己的享受時刻。

第2章 從愛自己開始

自我價值不能由別人來認定：你是有價值的，因為你認定自己有價值；如果靠別人來認定你的價值，那是別人的價值。

你很可能罹患了一種社會通病，這種病稱為「自卑敗血症」，光靠打一針無法改善，現有唯一的治療方式是大量施予「愛自己」的藥劑。但也許正如社會上許多人一樣，你從小就認為愛自己是不對的。社會告訴我們要為別人著想，教會告誡我們要愛鄰居，似乎沒有人記得要愛自己。但如果你要獲得當下的快樂，首先必須學習愛自己。

小時候愛自己是件很自然的事，但你也是從小就開始學習，愛自己是件自私或自負的事。你學會把其他人擺在自己前面，凡事先想到別人，因為這樣才顯示你是「好人」。你學會避免出風頭，接受「好東西應該與人分享」等訓示，不管那些是你的寶物、珍品，或者父母親可能不會與別人分享的大人玩具。人們甚至教導你要「有耳無嘴」，以及「應該知道分寸」。

小孩會很自然地認為自己既漂亮又很重要，但是到了青少年期，社會的訓示已經生根，他們開始極度自我懷疑，隨著年紀增長，自我懷疑的程度有增無減。畢竟，你不應只愛你自己，這麼做的話，其他人會怎麼看你！

這種暗示很微妙而且沒有惡意，但確實控制了人們，使人們規規矩矩。從父母、直系親屬，一直到學校、教會和朋友那裡，小孩子學習一切高雅的社交禮儀，這些社交禮儀是成人世界的標記。但小孩彼此之間絕不會那樣做，除非是為了討好大人。小孩被要求一定要說「請」和「謝謝」、要鞠躬、大人進來時要起立、離開飯桌前要徵求許可，另外還要忍受大人捏他們臉頰，拍他們腦袋。這其中的訊息很明顯：大人是重要的，小孩子不算什麼；其他人重要，你無足輕重。「不要相信自己的判斷」，是第一個必然產生的結果，許多以「禮貌」為名的規範則強化了這項結果。這些躲藏在「禮貌」背後的規範，讓你把別人的判斷當作自己的判斷，代價卻是犧牲自己的價值。毫不意外地，這些懷疑與自我否定會一直持續到成年期。自我懷疑會如何妨礙我們？就是在「愛別人」的重要領域中，你可能會碰到困難。其實，愛別人與愛自己的程度有直接的關係。

愛，建議的定義

「愛」這個字有很多定義，很多人都曾詮釋過。看看下面這個定義合不合適：**愛是種能力和意願，能讓你關心的人去做他們選擇要做的事，且不要求他們必須令你滿意。**這或許是可行的定義，但實際上很少被採用。你要如何才能夠達到這個地步——讓別人做他們自己選擇的事，而不要求他們符合你的期望呢？很簡單，那就是：愛你自己，覺得自己是重要、有價值，而且美好的。一旦你認定自己很好，就不必藉由要求別人的行為符合你的意思，來加強自我價值。如果你有自信，就不會想要或需要別人跟你一樣，因為你是獨一無二的，其次，那樣做會剝奪那些人具有的獨特性，你對他們的喜愛，就在於那些令他們與眾不同的特性。等這種想法開始融入你的心裡，你就會懂得愛自己，先對自己付出及為自己效力，就能夠愛別人，對別人付出，為別人效力。到那時，你的付出並沒有自私的目的。你這麼做，不是為了獲得感謝或回報，而是因為你從身為助人者或愛人者得到真正的快樂。

如果你缺乏自我價值感，或者不愛自己，就不可能愛人。如果你認為自己毫無價值，又怎能付出愛？你的愛有什麼價值？如果你不能付出愛，就無法接受愛。畢竟，如果把愛給一個毫無價值的人，這種愛有什麼價值？一個人想沈浸在愛中，包括給予愛和獲得愛，都要從充份被愛的自我開始。

以諾亞為例，諾亞是個中年男子，自認為很愛妻兒。為了表示愛意，他買貴重禮物給妻兒，帶他們去度豪華的假期，出差時也總是寫信回家，並在信上仔細寫下「愛」字。但是，諾亞從未親口跟妻子或孩子說他愛他們。他和自己深愛的雙親一樣，都有同樣的問題。諾亞很想說這幾個字，這幾個字一直在腦中盤旋，但每當他想說「我愛你」時，總是說不出話來。

諾亞認為，說「我愛你」這幾個字，會讓他自己面臨風險。如果他說「我愛你」，對方必須回答：「諾亞，我也愛你。」他這項愛的宣言，必須符合他對自我價值的肯定。對諾亞來說，說那幾個字是相當冒險的，因為他可能得不到回應，這樣一來，他的整體價值會出現疑問。另一方面，如果諾亞能夠以「自己受人喜愛」的這個前提出發，他就不會說不出「我愛你」；是否得到期待的那句「諾亞，我也愛你」，和他的自我價值也沒有關係，因為在他還沒開口之前，他的自我價值是完整無缺的。至於他說了「我愛你」之後，是否會獲得愛的回報，那就是他妻子或他所愛的人的問題。他可以**想要**別人愛他，但這不是自我價值的必要條件。

你可以根據愛自己的能力，向你所有的自我感覺挑戰。記住，無論在什麼時候、任何情形下，愛自己都比恨自己的心態健康。即使你以自己不喜歡的方式行事，憎惡自己只會導致停滯不前與破壞。別憎惡自己，應該要培養正向情緒，從錯誤中學習，下決心不重蹈覆轍，但不要把犯錯與你的自我價值連結在一起。

關於愛自己與愛他人，最重要的部分是：千萬不要把你的自我價值，與你的行為或別人對你的行為混為一談。同樣地，這並不容易做到。社會的訊息極為強大，難以抵擋。人們說「你是壞孩子」，而不說「你的行為不對」；會說「你這樣做，媽媽就不喜歡你」，而不說「媽媽不喜歡你這樣做」。你從這些話得到的結論可能是「她不喜歡我，我一定是壞孩子」，而不是「她不喜歡我，那是她的決定，雖然我不喜歡這樣，但我還是很重要。」在《心有千千結》（*Knots*）一書中，朗納．連恩（R. D. Laing）總結了把別人的想法變成自己的想法，並將它們與自我價值相提並論的過程。

我媽媽愛我，我感覺很好。
我感覺很好，因為她愛我。
我媽媽不愛我，我感覺很差；

我感覺很差，因為她不愛我。
我是壞蛋，因為我感覺很差；
我感覺很差，因為我是壞蛋。
我是壞蛋，因為她不愛我；
她不愛我，因為我是壞蛋。

童年時期的思考習慣不容易因為長大了就戒除，你的自我印象可能仍然建立在別人對你的看法上。雖說你最初的自我形象確實是從大人那裡聽來的，但你不一定得永遠保有這些看法。沒錯，要擺脫那些舊枷鎖，清除尚未癒合的疤痕，是件相當困難的事，但如果你考慮後果，就會發現堅持舊看法只會更糟。藉由練習心志，你可以採取一些愛自己的選擇，這些選擇將令你感到驚喜。

哪種人懂得愛？是那些有自毀行為的人嗎？絕對不是。他們會壓抑自己、躲在角落嗎？不會。要學會愛人和被愛，要先從家庭做起，欠缺自信的行為已經成為一種生活方式，你一定要停止這種行為。

接受自己

首先，你必須破除以下的迷思：你只有一個自我概念，在任何時候，這個概念若非正面，就是負面。其實，你有很多自我印象，而且它們常常改變。如果有人問你：「你喜歡自己嗎？」你可能會把所有消極的自我想法總結成一句話：「不喜歡。」把不喜歡的領域分成細目，可以提供你致力改進的明確目標。

你對自己在身體、知識、社會和情緒上的情況有感覺，對自己在音樂、體育、藝術、機械、寫作等各方面的能力，也有看法。你的自畫像也跟你的活動一樣多，所有這些行為，總是有「你」的存在——這個人，你可能接受，也可能排斥。你的自我價值觀，是一直存在的友善影子，也是你個人快樂與自我超越的顧問，這與你的自我評估絕無關係。你存在、你是人，你所需要的就只是這樣。你的價值由你自己決定，不需要向任何人解釋。你有價值與你的行為和感覺無關。在特定的例子中，你或許不喜歡自己的行為，但那與你的自我價值無關。你可以根據自我價值來選擇，然後致力於樹立自我形象。

愛自己的身體

一切全都從你的身體開始。你喜歡你的身體嗎？如果你回答「不喜歡」，就試著分成幾個部分看。擬一份清單，把你覺得討厭的部分列出來。從頭開始：你的頭髮、前額、眼睛、眼皮、臉頰。喜歡你的嘴巴、鼻子、牙齒、頸部嗎？你的手臂、手指、胸部、腹部呢？擬一份長長的清單，包括體內部分，像是腎臟、脾臟、動脈、大腿骨。現在輪到隱秘的結構了。你的大腦中央溝、耳蝸、耳翼、腎上腺、小舌如何？你必須列出很長的清單，徹底檢查自己。你**沒有**一個很好的身體，但那就是你的身體，不喜歡它，就意味著不接受你自己這個人。

也許你身上確實有一些你不喜歡的特質。如果它們是可以改變的部分，那就把改變它們當作你的目標之一。比方說，如果你的肚子太大，或頭髮顏色不搭，你可以將之視為稍早的當下所做的選擇，並就此在新的當下做出即時決定。至於你不喜歡又不能改的部分（腿太長、眼睛太小、胸部太小或太大），你可以用新的眼光來看。沒有什麼事物是太過如何如何的，腿長並沒有比有頭髮或沒頭髮更好或更差。你的想法，是根據現代社會對美所下的定義。不要讓別人來指定你喜歡什麼。下決心喜歡自己的身體，宣稱它具有價值和吸引力，從而拒絕別人的比較和意見。你可以決定什麼東西令你喜歡，把「不接受自己」變成過去的事。

你是人，人都會有某些氣味，會製造某些聲音，擁有某些體毛。但是社會與廠商經常傳送某些關於人體情況的訊息，指出：應該以這些「人類特質」為恥，要學會掩飾的行為——特別是用我們的產品掩飾真正的你。別接受你自己；要隱藏真正的你。

只要看電視，就必定會接收到這類訊息，每天對你疲勞轟炸的廣告告訴你，要鄙視自己的嘴巴、腋下、腳、皮膚，甚至生殖器的味道。「改用我們的產品，你會再度覺得真實和自然。」言下之意，好像原本的你是不自然的，一定要四處走動散發一些化妝品的味道，才能讓你更喜歡自己。因此，你使用一些聞起來對的東西，除去每個毛孔散發的異味，因為你不能接受你自己的一部分，而這一部分，所有人類身上都具備。

我認識一個三十二歲的男子法蘭克，他學會排斥自己身體的所有功能，認為它們很討厭而且不值一提。他有嚴重潔癖，一出汗就很難受，他希望妻兒和他同樣有潔癖行為。每次他除草或是打網球回來，總是馬上衝到浴室，把身上的異味沖洗掉。此外，他和妻子在行房之前和之後一定要洗澡。他無法忍受自己正常的體味，也無法與較能接受自己的任何人共同生活。他在浴室噴香水，同時也使用多種化妝品，讓自己的身體聞起來很香。當他恢復本我，開始散發體味時，就擔心別人會不喜歡他。他排斥自己身體上的一切自然功能與氣味，這種態度反映出他的自我排斥，每當他讓自己的身體順應自然時，他便覺得很尷尬或抱歉。不過，只要是人，就會有許多自然的氣味，愛自己和接受自己的人決不會因為自己的本色而不快。事實上，如果法蘭克對自己完全坦誠，並去除以往學來的自我排斥訊息，他甚至能夠承認喜歡自己的身體及身體產生的一切氣味。他也許不希望和別人分享那些氣味，但至少他自己能接受它們，並告訴自己，他其實喜歡它們，和別人共處也不會感到羞恥。

自我接受，意味著喜歡自己整個身體，並排除上述種種文化上的強迫要求（cultural imposition），不一定要裝扮得當，也不要在外表不符合美妝時尚時，純粹用容忍的態度對待自己。這並不表示你得標新立異，但這確實表示，你可以學習在做回自己時自得其樂。

很多婦女接受了文化訊息，刮腿毛和腋毛，全身除臭和噴外國香水，消毒口腔，全臉上妝，穿胸墊，用適當的淡香水噴灑私處，戴假指甲。這些行為意味著，你天生的樣子，也就是身為人類的本來面目，並不討喜，只有靠人工的方式，才讓你具有吸引力。這是最可悲的部分，到最後：矯飾的你取代了自然的你，你終生都無法擺脫這個矯飾的你。整個社會文化鼓勵你排斥自然美麗的你。廣告商為了營利而鼓勵你這麼做，是無可厚非的，但你會購買這些產品，就比較讓人難以理解，因為這樣做是選擇拋棄真我。你可以不要再隱藏自然美好的自己了。因此，如果你選擇使用任何種類的化妝品，那並非基於你不喜歡你所要掩蓋的身體部位，而是基於新奇或自我滿足。在這個領域，誠實面對自己並不容易，我們得花一點時間，才能學會分辨自己真正的需求，和廣告商所創造出我們應該會有的需求有什麼不同。

選擇更正面的自我形象

你同樣可以選擇所有的自我形象。你可以用自己的標準來看自己，並選擇將自己視為聰明人。事實上，你使自己愈快樂，你就愈聰明。如果你在代數、拼字或寫作等任何領域較差，那只是你一直以來採取的選擇所造成的自然結果。如果你決定在上述任何領域投入充分的練習時間，你一定會更精通該領域。如果你認為自己的形象不太聰明，請記住第一章內有關聰明才智的部分。如果你低估自己，那是因為你接受那種看法，並根據某些學科條件，拿你自己跟別人比較。

以下這番話聽來可能讓人吃驚，但你的確可以選擇讓自己像你期望的那樣聰明。才能的確要靠時間累積，而非某種天生的特質，從標準化成就測驗（SAT）的年級常模中，可以找到支持這種看法的證據。這些模式證明，某個年級的優秀學生能夠達到的分數，高一個年級的大多數學生都可達到。進一步的研究調查顯示，雖然大多數學生最後都能學會每一科目，且有些學生會比其他人更快達到精熟[1]。但是所謂「智力不足」或甚至「智障」，通常是指那些更慢達到徹底精熟某項技能的人。《教師學院記錄》（*Teachers College Record*）期刊曾刊出約翰・卡洛（John Carroll）的〈學校學習的模式〉（A Model for School Learning）一文中談到這個重點：

> 才能是學生精通某一門學科所需要的時間，這個公式隱含的假設是：只要有足夠時間，所有學生都能精通該學科。

如果你選擇投入足夠的時間和心力，就能精通幾乎任何學科技巧。但是你有很充分的理由不這麼選擇。為何要把現有的精力用來解決曖昧不明的問題，或是學習自己不感興趣的東西？讓生活快樂、有效益、充滿愛，是更重大的目標。重點是，聰明才智不能靠繼承而來，也不是別人贈與而得到的，你的表現取決於你的選擇。如果你不像你選擇的一樣傑出，純粹是因為你輕視自己，這會導致你在生活中出現有傷害性的後果。

你可以選擇自我形象，這項邏輯可以應用到你腦中的一切自我樣貌。你可以像你選擇的那樣擅長社交，如果不喜歡自己的社交作風，可以設法加以改變，不需要與你的自我價值混淆。同樣地，你的藝術、機械、體育、音樂和其他能力，大多是你選擇的結果，不應與你的價值混為一談。（有關自我描述的完整說明，以及你因何為自己選擇它們，詳見本書第四章。）前一章提到你的**情緒**生活也是你自己選擇的產物，這都是同樣的概念。自我接受的基礎在於，你認為適用於自己的事，就是你現在能決定的事。修補那些不符合標準的事物可以是件令人欣慰的事，但沒有理由因為自己有待改進，就選擇認定自己沒有價值。

不喜歡自己可以有許多形式，也許你有某些自貶的行為。以下是一份簡略的清單，裡面列出某些一再出現的自我否定行為。

- 拒絕別人對你的稱讚。（「哦，這是陳年往事……我真的不聰明，我想只是運氣好而

— Benjamin S. Bloom etal., *Handbook on Formative and Summative Evaluation of Student Learning* (New York: McGraw-Hill, 1971).

已。」）

‧找各種藉口來解釋為什麼你看起來漂亮。（「這都是美髮師的功勞，她能夠化腐朽為神奇。」「相信我，是這件衣服發揮作用。」「因為綠色很適合我。」）

‧當功勞應該屬於你時，你歸功於他人。（「感謝神賜給我麥可，沒有他，我就會一事無成。」「這都是瑪麗一手包辦的，我只是站在一旁指導。」）

‧說話時，總是引用別人的話。（「我丈夫說……」「我母親覺得……」「喬治常告訴我說……」）

‧你的意見總要經過別人證實。（「親愛的，不是那樣嗎？」「那是我說的，是嗎？瑪莎？」「要問問我丈夫，他會告訴你。」）

‧拒絕訂購你想要的東西，並非因為你買不起（雖然這可能是你的說辭），而是因為你認為不配擁有。

‧沒有性高潮。

‧不為自己買東西，因為你認為你必須為別人而買，即使這種犧牲並沒有必要；或是不替自己買想擁有的東西，因為你不配得到。

・避免會讓自己放縱的東西，例如花、酒等等，因為那樣很浪費。

・在人很多的房子裡，有人喊：「嗨，笨蛋！」你會轉過頭去。

・使用暱稱（也要求別人使用），而那些稱呼其實是貶抑之詞。例加：傻瓜、傻子、甜派、寶貝（成人用）、滑稽臉、矮子、胖子或禿子。

・朋友或情人送你珠寶，你心裡卻想著「你家裡一定有一抽屜的珠寶可以送給其他女孩。」

・有人說你很漂亮，你心裡想的是：「你簡直瞎了眼，不然就是想安慰我。」

・有人請你吃飯或看電影，你會想：「一開始都是這樣，一旦他了解我其實是什麼樣的人，好景能維持多久呢？」

・女友接受約會，你覺得她會答應，只是出於憐憫。

我曾經為年輕女子雪莉做心理治療，雪莉長得很迷人，顯然有很多追求者。但雪莉強調，她每段關係都沒有圓滿結果，雖然她很想結婚，卻始終沒有機會。在諮商時，我發現，雪莉每一次都是不知不覺搞砸關係。如果有個年輕男子告訴雪莉，他很在意她或愛她，她會不以為然地認為：「他那麼說，只是因為他知道我愛聽那種話。」雪莉總是說些否定自己價值的話。她不愛自己，所以也拒絕別人為了愛她所作的努力。她不相信有任何人會發現她具有吸引力。為什麼？因為她一開始就不相信自己值得被愛，所以這種無止盡自暴自棄的循環，強化了她缺乏自我價值的想法。

雖然清單中許多項目可能有點瑣碎，卻是自我排斥現象的小型指標。如果你犧牲自己或拒絕對自己慷慨，結果往往是點選速食漢堡而非羊排大餐，因為你認為你不值得更好的餐點。也許師長教育你，禮貌上要否認人家的讚美，否則你就真的沒有吸引力。但這些是你學來的教訓，自我否定行為是現在的第二天性。在日常行為中，自我否定的例子相當多。每次你做出任何類型的自貶行為，就會加強別人加諸在你身上的舊觀念，並減少生活中自己獲得愛的各種機會，不論是愛自己或是愛別人。你當然很有價值，不必妄自菲薄。

無怨無尤地接受自己

愛自己，就是接受自己是有價值的人，因為你選擇這麼做。接受自己也意味著無怨無尤。完全正常運作的人不會抱怨，尤其是不會抱怨石頭太粗糙、天空太多雲、冰太冷等無謂的事。

接受意味著沒有抱怨，而快樂是對自己無能為力的事情不抱怨。抱怨是欠缺自信的人的避難所。告訴別人你不喜歡什麼事，只會使你的不滿持續擴大。因為別人大多也一樣無計可施，只能否認有這回事，而你那時一定不會相信對方。正如對別人抱怨毫無助益，如果你任由其他人用他們滿腹的自憐與苦難向你傾訴，也同樣無濟於事。想結束這種無益而且令人不快的行為，通常只要一個簡單的問題：「你為什麼要告訴我這件事？」或是「我能怎麼幫助你解決這問題嗎？」現在，以同樣的問題問自己，你會開始認清，你的抱怨行為簡直愚不可及，浪費時間。你可以把這種時間更妥善地用於練習各種愛自己的行為，諸如默默地自我讚揚，或是協助別人做到自我實現。

世上有兩種情形的抱怨最不討喜：⑴告訴別人你很累；⑵告訴別人你覺得不舒服。如果很累，解決方法有很多，但是向一個可憐人、甚至是所愛的人訴苦，無異是在虐待對方。向他訴苦並不會使你的疲勞減少一些。同樣的邏輯也適用於你「感覺不舒服」時。

這兩種情況並不是指在別人有能力幫助你時，你把自己的感覺告訴對方；而是在質疑當你訴苦的對象對你愛莫能助，只能忍受你的牢騷時。如果你真的努力要愛自己，而且正經歷痛苦或不舒服，你會想自行解決，而不是找人當靠山，讓他們分擔重擔。

抱怨自己是沒有用的做法，而且會阻礙你高效益的生活，它只會助長自憐心理，並讓你更難以付出與接受愛，甚至減少你改善愛的關係與增加社交的機會。雖然抱怨也許會使你吸引別人的注意，但是這種注意反而會使你自身的快樂蒙上陰影。

要能夠毫無怨言地接受自己，就必須了解「愛自己」與「抱怨」的過程，這兩項是彼此互不相干的詞彙，如果你真的愛自己，就會覺得向那些對你愛莫能助的人抱怨是說不通的。如果你注意到自己（或別人）有什麼你不喜歡的事情，不要抱怨，你可以積極採取必要的改正措施。

下次你參加四對以上的夫婦聚會時，可以嘗試這個小實驗。看看交談的過程中，有多少時間花在抱怨上，從抱怨自己到抱怨其他人，乃至於抱怨事情、物價、天氣等。當聚會結束，每個人各自返家時，不妨自問：「今晚抱怨這麼多，其中有多少解決了問題？」「誰真的關心我們今晚抱怨的所有事情？」那麼，下次你想抱怨時，要記住那晚毫無作用的抱怨行為。

愛自己 vs. 自負

你可能會認為，這一切關於愛自己的論點，都很像某種類似自大狂的可憎行為。但事實遠非如此。愛自己與那種自誇行為無關，那不是愛自己，而是大言不慚，想藉此贏得別人注意和贊同的行為，和自卑者的行為一樣神經質。為了別人而做的自誇行為是以獲得他人肯定為目的，它意謂著某人根據別人的觀點來評估自己，如果不是這樣的人，就不會覺得自己有必要說服別人。愛自己意味著你愛護自己，不要求別人的愛，不需要別人的相信，自己接受自己就已足夠，與別人的觀點無關。

選擇不愛自己的心理效益

為什麼有人選擇不愛自己？好處在哪裡？這種好處雖然可能不健康，但是值得檢視。要想學習做有效益的人，這類檢視便是核心所在——了解為什麼你會做出不利自己的行為。所有行為都有原因，在排除自毀行為的道路上，處處是讓你誤解自己動機的陷阱。一旦了解不愛自己的**原因**，以及保有這種心態的方式，便能開始處理這種行為。若不了解自己，原來的行為會一再出現。

你為什麼會選擇自責，不論你認為責備的程度有多麼輕微？原因可能是，相信別人告訴你的事，比你為自己著想要容易得多。但是這麼做還有其他好處。如果你選擇不愛自己，認為自己微不足道，卻對別人馬首是瞻，你會……

- 找到現成的藉口，解釋為何你在生活中得不到任何愛。這個藉口就是自己不值得被愛，這種藉口的好處有些神經質的補償心理。
- 能夠避免「和別人建立愛的關係」所面臨的任何風險，藉此排除被排斥或否定的可能性。
- 發現保持原狀比較簡單。只要覺得自己沒有價值，就不必試著成長、變得更好或更快樂，你得到的好處就是可以保持現狀。
- 獲得許多憐憫、注意、甚至別人的肯定，這恰好取代了「陷入愛的關係」所冒的風險。因此，憐憫和注意是你做對自己不利的事所獲得的報酬。
- 把自己的不幸歸咎在現成的代罪羔羊上。你可以抱怨，而且不必採取任何行動。
- 能夠把當下的時間耗費在微不足道的沮喪心理上，而且不必嘗試可以幫你改頭換面的行為。自憐成為你的逃避之路。
- 回頭做個好男孩或好女孩，討好你認為高你一等的那些「大人」。這種倒退行為比冒險來得安全。

・讓別人比你自己更重要，進而加強你對別人的倚賴。擁有可倚賴的支柱是一種好處，即使你會受它傷害。

・不能主宰你自己的生活，並以你選擇的方式生活，只因為你覺得你不值得獲得自己渴求的快樂。

這些是讓你持續蔑視自己的要件，也是你選擇堅持舊想法與舊行為的理由。貶低自己，比設法振作更容易，也更不帶風險。但是請記住，生命的唯一證據就是成長，因此，拒絕成為愛自己的人，就如同選擇死亡。你若是能夠將這些見解注入自己的行為，就可以開始從事一些身、心訓練，鼓勵你多愛自己。

可輕鬆掌握的愛自己訓練

訓練愛自己，要從心開始。你必須學習控制自己的思想，必須在有自責的行為時，立刻有所覺察。如果你自責時能掌握自己的想法，就可以開始向支持自責行為的想法挑戰。

如果你發現自己說了諸如此類的話：「我真的沒那麼聰明，我想我只是運氣好，論文才得到A。」這時你腦子裡的警鈴就應該響起：「我剛才犯了老毛病，出現自貶的行為。但我現在覺察到了，下次我會避免說這些自己老是在說的話了。」你的對策是大聲糾正自己，聲明：「我剛才說我運氣好，但運氣其實與這件事無關。我得到這個成績，是我應得的。」這是邁向愛自己的一小步，也是在承認你目前存在自貶行為，並決定採取不同的做法。就像學開手排車一樣，在尚未養成習慣之前，覺察到自己想要有所不同，最後你會培養出新習慣，不需要不斷覺察。而且很快就會自然而然以各種愛自己的方式行事。

現在你的心思已為你效力，而非與你作對，令人興奮的愛自己行為很快就會出現。以下是一份簡短的愛自己清單，當你根據自己的價值而獲得有自尊的感覺時，可以再自己追加項目。

・當別人想以愛或接納靠近你時，你要選擇新的回應方式。不要馬上就懷疑對方愛的表示，而是以「謝謝你」或「我很高興你這樣感覺」表示接受對方。

・如果你真的愛對方，就直接跟對方說「我愛你」，看看對方的反應，並且為這種冒險舉動讚許自己。

・在餐廳裡，點你真正愛吃的菜，不管價格如何。善待自己，因為你值得。開始在所有情況中選擇你喜歡的東西，包括在雜貨店內。盡情地享受你最喜歡的商品，因為你值得。除非絕對有必要，否則禁止自我否定——但這種情形少之又少。

・經過一天疲累的工作，飽餐一頓之後，即使有很多事情要做，還是要先小睡片刻，或到公園中慢跑。這會幫助你覺得加倍舒暢。

・加入一個組織，或參加一項你喜愛的活動。也許你有許多職務在身，抽不出時間，因此把此事擱置，但你要選擇愛自己，參與你想要的生活，如此一來，你照顧的那些人也會開始學習自立。過程中，你會發現你自己對他們毫無怨尤。你服務他們是因為自己的**選擇**，而非出於責任義務。

・摒除嫉妒，認定嫉妒是自貶的行為。你將自己與別人比較，並想像自己得到的愛較少，這樣做是使別人比你更重要；你是藉著跟別人比較，來衡量自己的優點。請記住：(1)別人有可能選擇另一個人，但這不表示你給人的印象不好；(2)不論你是否被任何一個你認為重要的人所選中，這都不是你確認自我價值的方式。如果你那樣想，就注定會永遠懷疑自己的價值，因為別人在某一天的某一個時刻會有什麼樣的感覺，連他們自己都不確定。如果他們選擇另一個人，這個選擇只是反映那個人，而非反映你。訓練愛自己之後，以往發現自己會產生嫉妒心的任何狀況都會反轉。你會非常相信自己，因而不需要用別人的愛或稱許來找到自身價值。

・愛自己的行為也包括對待自己身體的新方法，例如選擇良好的營養食物，避免體重過重（過重可能是一種健康風險，同時也是排斥自我的指標）、經常散步或騎自行車，選擇各種健康運動，到戶外愉快享受新鮮空氣，大體上保持身體的健康和吸引力。要假設自己想要健康。為什麼？因為你是重要的，而且將以這種方式對待自己。整天待在無聊的例行活動中，或是根本不活動，等於是跟自己過不去。除非你真的寧願被禁錮，但那種情況也是你自己作出的選擇。

・在性愛方面，你可以練習更愛自己。你可以裸體站在鏡前，告訴自己，自己是多麼具有吸引力。你可以觸摸自己的身體，探索自己的感覺，讓自己因為震顫的歡愉而起雞皮疙瘩。對別人，你也可以為自己選擇性滿足，而不是把枕邊人的快樂看得比你自己的快樂更重要。只有選擇讓自己滿足，才能將快樂帶給別人，如果你不快樂，伴侶通常也是失望的。此外，當你選擇自己的快樂，對方就更能選擇他們自己的快樂。你可以放慢整個交歡過程，將你喜歡的字眼與動作教給你的愛人。你可以為自己選擇性高潮，只要相信你值得擁有，就可以使自己獲得最極致的肉體經驗，然後因為確認這點而感到興奮陶醉。為什麼？因為你值得擁有！

・別再把你的工作能力與自我價值相提並論，你可能會失業、或是在某項計畫上失敗。你可能不喜歡自己執行某項工作的方式，但那並不表示你沒有價值。你必須認清，不管你的成就如何，你是有價值的。沒有這項認知，你會持續將自己與所從事的事混為一談。認為自己的價值取決於外在成就，這種看法就跟把自我價值與別人對你的觀感連結起來一樣荒謬可笑。

上述項目都是愛自己的人會有的行為。在你的成長過程中，它們可能經常挑戰你學到的教訓。但你曾經是「愛自己」的，你小時候便本能地知道，你是有價值的。

現在來回頭看看本書提出的問題：

・你能毫無怨言地接受自己嗎？
・你能隨時愛自己嗎？
・你能付出和接受愛嗎？

這些都是你可以研究解決的問題。設定個人目標，愛那個最美、最動人、最有價值的人——那就是你。

第3章 不需要別人的認可

需要別人認可等於是說：「你對我的看法，比我對自己的看法更重要。」

或許，你現在把太多時間用來爭取別人的認可，或是擔心可能碰到什麼非難。如果別人的認可變成你生活中的一種需要，你就有必要採取一些行動。第一步，你要了解尋求別人認可是一種意願，而非一種需要。我們都喜歡掌聲、恭維和讚揚，心理受到撫慰時覺得很舒服，誰願意放棄這些？確實沒有必要放棄。認可本身並非不健康，事實上，受到奉承是一大樂事。但若是尋求認可成為一種「需要」，而非「想要」時，它就是一個誤區。

如果你是想要獲得認可，你只是樂於擁有別人的支持。但如果你是需要獲得認可，那麼得不到的時候就會讓你感覺崩潰，此時也是自毀力量進駐的時刻。同樣地，當尋求認可變成一種需要時，你就會把一大部分的自我交給「外人」，你需要這些外人的支持，如果他們不認可，你就會停滯不前（即使幅度很小）。在這種情況中，你就是將自我價值的評估權交給別人，只有當他們決定給你一些稱讚時，你才覺得舒服。

需要別人的認可已經夠糟了，但真正的麻煩在於，你事事都需要每個人的贊同。如果你隨時都有這種需要，你的生活中必然會遭遇許多苦惱與挫折。此外，你將形成優柔寡斷、沒有地位的自我形象，最後造成前一章討論的那種自我排斥。

所以必須排除對「別人給予認可」的需要！這是毫無疑問的。你如果想達到自我實現，就必須從生活中根除它。這種需要是心理上的死胡同，對你絕對沒有好處。

人生路上，免不了會遭遇許多不被認可的事。這是人性使然，是「活著」都要繳交的學費，根本無法避免。我曾有一位名叫歐濟的中年男性病患，他很符合典型的需要認可心理。對於所有具爭議性的主題，例如墮胎、節育、中東戰爭、水門案、政治等等，歐濟本來有自己一套看法，但每次遭到奚落就馬上破功。他花費大量精力，要使每個人都認可他所說和所做的每一件事。有一次他跟岳父講述一件事，過程中提到他堅決主張安樂死，但他一注意到岳父不以為然地皺起眉頭，就立刻修改立場：「我的意思是，如果那個人意識清醒，而且確實一心求死，就可以採用安樂死。」歐濟注意到岳父有同感，才鬆了一口氣。歐濟也對上司表示主張安樂死，但是上司大聲反對：「你怎麼可以這麼說？你不知道那是玩弄上帝嗎？」歐濟無法承受這種反駁的言語，就立即改變立場：「我的意思是，只有在極端狀況下，也就是當病人已被宣布合法死亡時，就可以拔去插頭。」上司終於勉強同意，歐濟才再次擺脫窘境。歐濟又對哥哥聲明他對安樂死的看法，哥哥立刻表示贊同……歐濟鬆了一口氣，這次他很容易就過關，甚至不必改變立場以爭取哥哥的認可。歐濟講述自己平常與人互動的方法時，提到了這些例子，他在社交圈中沒有自己的想法，極需要別人的贊同，所以不斷改變自己的立場，以討好別人。歐濟不存在，存在的只有別人對事情的偶然反應，這些反應不只決定歐濟的感覺，也決定他的想法和說法。別人要歐濟成為什麼樣子，他就是什麼樣子。

當尋求認可成為一種需要時，會將真實的可能性抹殺殆盡。如果你需要受到讚美，而且也發出那種信號，就沒有人會直率地對待你，你也無法隨時充滿信心地說出你的想法和感覺，你的自我將成為他人看法和偏好的祭品。

政客這類人通常不受信任，他們極需要獲得認可，若得不到認可，就會失業。因此，他們通常是見人說人話、見鬼說鬼話。如果發言者說話變來變去，為了討好每個人，以某種巧妙操縱的方式繞著問題說話，就不會有真實性可言。這種行為，在政客身上很容易察覺，但要是出現在自己身上，就很難自我省察了。也許你保留自己的想法是為了安撫某個人，或者，你贊同

果在成長過程中，孩子覺得一定要先得到父母許可才能夠思考或行動，就等於早早種下自我懷疑的神經質種子。尋求認可之所以成為一種有害的需求，是指孩子習慣每件事都先徵詢爸媽的意見，而不是在健全的發展下，想得到父母的關愛與接納。

我們的文化大多會教孩子凡事問人，而不是相信自己的判斷。每件事都問爸媽，像是「我吃什麼？」「什麼時候吃？」「吃多少？」都要先問媽媽。還有「我可以跟誰玩？」「什麼時候？」「在哪裡？」或是媽媽說：「這是你的房間，但你必須照這樣收拾好——衣服掛起來，床鋪整理好，玩具收到玩具箱等等。」

下面是另一種對話，這也會加強依賴性及尋求認可的行為：

「你喜歡穿什麼衣服就穿什麼。」

「媽，你喜歡這件衣服嗎？」

「不好，寶貝！條紋上衣和圓點圖案的褲子根本不搭！回去換一件罩衫或長褲才相配。」

一週後……

「媽，我該穿什麼衣服？」

「我不是告訴過你，你愛穿什麼就穿什麼嗎？為什麼老是問我？」

為什麼……

雜貨店裡，一位店員問小女孩：「你想買包糖吃嗎？」小女孩看著媽媽，問：「我要不要買糖吃？」她已經學會凡事都先問父母，包括要不要什麼東西。從玩、吃、睡，甚至交友、思考，一般家庭很少將「自立」的訊息傳達給孩子。這源自父母根本的想法：小孩是他們的擁有物，父母不幫助孩子獨立思考、解決自身問題、培養自信，反而往往把孩子看成自己的財產。

卡里・紀伯倫（Kahlil Gibran）在《先知》（*The Prophet*）詩集裡，生動地描述被視為父母財產的孩子說：

> 你的孩子其實並不是你的，
> 而是生命對自身的渴慕所生的子女；
> 他們經你而生，但不是來自你；
> 他們與你同在，但並不屬於你。

這種做法產生的結果，在每個「依賴性強」的孩子身上顯而易見。媽媽變成裁判，經常要排解紛爭，弟弟搗蛋時，她也是可以告密的對象，她必須替孩子思考、感覺和行事：別自己解決問題，爸爸或媽媽會替你做；別自行作出自己有能力作的決定，先問問別人。

可是孩子們會抗拒被塑造成尋求認可的人，這種例子多不勝數。許多父母告訴我他們在廁所訓練孩子坐馬桶時的經驗。孩子似乎知道父母對他的要求，他們也知道孩子有控制肛門括約肌的能力，但孩子卻固執地故意不遵守要求。這是孩子第一次真正抗拒凡事需要取得父母的認可，其內在的含義是：「你可以告訴我吃什麼、穿什麼、跟誰玩、什麼時候睡覺、什麼時候進來、玩具放在哪裡、甚至想什麼。但是，我會大便，我準備好時，自然會大出來。」這是孩子第一次成功抗拒爭取父母認可。

你小時候會想自行思考，倚賴自己。當你還很小的時候，如果爸爸幫你穿衣服，你會說：「我會自己穿。」但你得到的回答通常是：「我幫你穿。我們沒時間等你穿好。」或是：「你還太小。」於是，你小時候心中存在的獨立火花、做自己主人的期望，通常會因為倚賴爸媽而減弱：如果你（孩子）不這樣做，我們（父母）就不認可你，而我們不認可你時，你一定也不認可自己。家庭是以善意、倚賴及尋求認可的形式養育孩子，父母不希望孩子受到傷害，所以一心保護他們避開危險，但事與願違，孩子在該奮鬥時（解決自己的爭端、應付別人的侮辱、爭取榮譽、自食其力等）不知如何自立自強，所以一輩子都不可能建立獨立自主的行為。

即使你可能已經不記得了，但許多尋求認可的訊息都是在童年時期灌輸到你腦中的。雖然「先問爸媽意見」對你自身的安全和健康很重要，但傳達給你的其他訊息卻教導你一個重要觀念——適當的行為，是能贏得認可的行為。那種認可本應與生俱來，但後來卻變成視你能否取悅別人而定。這裡要強調的是，認可並非不重要，更確切的說，應該盡情給予孩子認可，但不可當作得體行為的獎勵品，且絕不應該鼓勵孩子把自尊與別人的認可混為一談。

學校裡的尋求認可訊息

你離家求學，進入一個教育機構，這個機構的目的顯然在於灌輸尋求認可的想法與行為，做什麼事都要先請求許可，絕不能仰賴自己的判斷力，想上廁所要取得老師的同意，要坐在規定的座位，別隨便離開以免遭到處罰，事事都要由別人來控管。學校沒教你自主思考，而是教你不要為自己思考。將紙張折出十六個方格，而且不能在摺線上寫字，今晚溫習第一、二章，練習這些字的拼法，照這樣畫，閱讀那部分，你學的都是服從；如果有疑問，就請教老師；如果惹惱老師，甚至更糟的是惹校長生氣，他們一定要你內疚反省好幾個月。成績單就是傳遞給父母的訊息，告訴他們，你在學校得到多少認可。

你所就讀學校的教育理念，很可能是在督察團訪問的壓力之下寫成的，如果你檢視內容，很可能會看到如下的陳述……

> 本校安尼輝爾中學深信，每位學生都應有全面的教育發展。課程的安排，旨在符合學生個別的需求。我們致力並促進學生的自我實現和個別發展…………

但是有多少學校或老師敢落實這些話？任何學生若是開始顯露自我實現與自主的跡象，一定很快就會被教訓一頓。凡事特立獨行、愛自己、不易內疚和憂慮的學生，一律被稱為搗蛋鬼。

學校不擅長處理這些顯露獨立思考跡象的學生。在大多數學校中，尋求認可才是成功之道。常有人說，某某人很會拍馬屁，是老師的寵兒，這些說法其來有自，如果你得到老師的稱讚，照他們的指示去做，念規定的課程，你就成功了。由於現實中處處都不鼓勵獨立自主，對認可的**需求**就變得十分強烈。

及至進入中學，學生通常已經在「尋求認可」上學到一些心得。高中的升學顧問詢問學生要修哪些課程時，學生會回答：「我不知道，請你告訴我需要修哪些課。」他對於要修什麼課可能難以抉擇，而且會覺得由別人為他做決定比較讓人放心。在課堂上，他學會不要質疑師長所說的話。他學會正確地寫作文，並正確解讀《哈姆雷特》（*Hamlet*）；寫報告時，不要根據自己的判斷和意見，而是要引用別人的話和能夠佐證本身說法的參考資料，如果沒有學會這些事，就會受懲罰，包括成績低落和師長不認可。現在畢業的日子到來了，他發現自己很難下決定，因為從小學到高中這十二年來，都是別人告訴他怎麼想、想什麼。他一直被灌輸「凡事先問老師」，如今要畢業了，卻無法自行思考。所以他渴望得到認可，也學到「別人的認可等於成功和快樂」。

上了大學，同樣的灌輸模式繼續進行。寫兩篇學期報告，要用正確格式，設好邊界，要打字，要有序論、主體、結論、參閱某些章節……就像大型生產線一樣，照著去做，討好教授，就成功了。如果學生終於碰到某一門課的教授說：「這學期你們可以研究自己有興趣的領域。我會協助你們選擇和追求你們有興趣的題材，不過這是你們自己的學業，你可以隨自己的意思去做，我會盡可能協助你們。」結果大家開始慌了。「可是我們得交幾篇報告？」「交期是什麼時候？」「要打字嗎？」「我們該看哪些書？」「有幾次考試？」「出哪種考題？」「報告篇幅要多長？」「格式怎麼定？」「我必須天天來上課嗎？」

這些都是習慣尋求認可的人提出的問題。從上述的教育方式來看，這一點也不奇怪。學生已經被訓練成為別人、為討好教授、為達到別人所訂的標準而做。整套體系要求人們尋求認可以獲得生存，上面這些學生提出的問題，就是這個體系的最後產物，他害怕自行思考，而照別人的期望去做容易得多，也安全得多。

其他組織中的尋求認可訊息

我們也從其他來源感染了尋求認可的症狀。當然，在這方面，教會的影響力不容小覷。你必須取悅耶和華、耶穌，或除了自己之外的某個人。教會領袖往往誤解了偉大宗教領袖的教誨，試圖利用「人們懼怕報應」做為武器來勸人信教。因此，一個人的行為合乎道德，並不是因為他相信這對他來說是合宜的，而是因為上帝要他這樣做；如果心中存有疑慮，就應該參考誡律，而不是你自己或你的信念。採取這種做法，是因為別人告訴你要如此，如果不這樣做就會受到懲罰，而不是因為你知道對你而言這是正確的行為。有組織的宗教所訴求的，是你尋求認可的需要，它引發的行為或許和你原有的選擇相同，但卻不是出於你的自由選擇。

最美好的宗教體驗，是自己當作自己的嚮導，不需要外力的認可。對自我而言，它是真正的宗教，在這種宗教裡，個人根據自己的良知和所處文化的適用法律決定自己的行為，而不是他人的命令指示**應該**如何做。仔細檢視耶穌言行，可以發現耶穌是非常講求自我實現的人，他教人信賴自己，不要害怕遭到反對。但許多信徒卻將他的教誨扭曲為恐懼與自我憎恨的教義問答集。（關於自我實現的個人，在第十二章有完整的說明。）

有些機構運用「尋求認可」做為服從的動機，政府即為一例。「不要信任自己，你沒有獨力運作的技能與資金，我們會好好照顧你，預扣你的稅款，以免你在繳稅期限前將它花掉。我們會強迫你加入社會安全制度，因為你無法為自己作決定，或為自己存錢。你不必為自己思考，我們會幫你控管生活。」因此，你從許多例子可以看到，政府如何超越自己的職責，提供必要的服務並管理社會。

書籍中列出的規則，比違反這些規則的人還多。如果有人決定強制執行既有的每一項法規，你會發現自己每天違反數百次。某人已經決定你何時才能購物，在某些日子的特定時候不應該喝酒。任何事物都有規範存在，包括在特定地點、特定時間可以穿什麼，可以如何享受性愛，可以說什麼，以及可以在何處行走。幸好這些規則大多不是強制性的。然而，規則制定者往往是自認為知道什麼對你好、比你自己更能替你決定的人。

每天我們都會受到數千則文化訊息的轟炸，這些訊息鼓勵我們尋求認可。我們每天聽的歌充滿抒情的尋求認可的訊息，尤其是過去三十年美國的暢銷「流行」歌曲。那些甜蜜無害的歌詞所具備的殺傷力，超出我們的理解。以下大致列出一些歌名。這些歌名傳達的訊息是，某人或某事比「我」重要，沒有那個特別的人支持，「我」就崩潰了。

- 如果生活中沒有你，我就活不下去。（I can't live, if living is without you.）
- 你使我欣喜若狂。（You make me so very happy.）
- 你使我感覺像個真女人。（You make me feel like a natural woman.）
- 有人關愛才有價值。（You're robody till somebody cares.）
- 一切全看你。（It all depends on you.）
- 你令我重獲新生。（You make me feel brand new.）

- 只要他需要我。（As long as he needs me.）
- 如果你離開。（If you go away.）
- 需要別人的人。（People who need people.）
- 你是我生命中的陽光。（You are the sunshine of my life.）
- 沒有別人能像你使我感到生命多麼燦爛。（No one else can make me feel the colors that you bring.）
- 沒有你，我什麼都不是。（Without you, I'm nothing.）

也許你下次聽到一首傳送尋求認可訊息的歌曲時，可以嘗試一項練習。首先，看看那些歌詞，它們反映出人們教導你感覺的方式，那就是：如果別人不認可你，或是讓你失望，你就不能成功。接著重寫這些歌，以符合自我超越的心態，而非尋求別人認可。例如：

- 我使自己感覺像個真正的女人，這與你無關。
- 我選擇愛你。那時我想這麼做，但現在我改變心意了。

・需要別人的人是世上最不幸的人。但渴望愛與歡笑的人會使自己快樂。
・我讓自己欣喜若狂，因為我對自己說了關於你的事。
・我是自己生命中的陽光，有了你，生命甚至更加明亮。
・我可以不再愛你，但現在我選擇不這樣。

雖然這種歌顯然不會暢銷，但至少你已經開始把聽來的潛意識訊息重新調整，改變文化中人們學習相信的方式。「沒有你，我什麼都不是」必須改成：「沒有我，我什麼都不是，但有了你，此刻變得非常美好」。

電視廣告格外鼓吹你尋求認可的想法。在這些廣告短劇中，有許多手法是製造商藉著加強「別人的看法比你的看法更重要」這個觀念，操縱你購買產品。

比方說有幾個朋友下午到你家來打橋牌，看看以下這段對話：

第一位朋友（嗅一嗅，以很不贊同的語氣說）：「是昨晚的炸魚嗎？」

第二位朋友（以同樣無法接受的語氣說）：「我知道了，喬治還是在抽雪茄。」

你看起來難過、煩惱，而且挫敗，因為別人對你家中的氣味不以為然。

心理的訊息：「別人對你的想法，比你對自己的想法更重要，因此，如果你不能取悅你的朋友，就會覺得難過。」

再看看下面兩則短劇和其中的訊息：

1. 在龍蝦大餐宴會上，女服務生把餐巾圍在一位女顧客的脖子上，並且告訴她：「要圍在衣領上。」這位女顧客一想到自己不獲某位陌生女侍的認可，就羞愧得不知如何是好。

2. 有名婦女一想到如果自己穿條鬆垮垮的褲襪朋友會怎麼看她，就讓她畏縮了起來。她想：「如果他們對我的看法不佳，我不能忍受。我必須獲得他們的認可，所以我得購買這種品牌，而不買那種。」

漱口水、牙膏、除臭劑和特殊香氛的廣告，都充滿了「你必須獲得認可」的心理訊息，而得到認可的方式，就是購買這種產品。為什麼廣告商會採用這種戰術？因為它們有效，能把產品賣出去。廣告商明白，社會到處都是「受接納」的需求，人人都受這種氣氛感染，因此廣告商利用這種需求，創造出可以傳送訊息的簡短喜劇。

情況就是這樣，我們的文化獎勵和鼓勵尋求認可。如果你發現自己太過在意別人的想法，這一點都不奇怪，你已經習慣這樣做。即使你的家人意識到有必要協助你自立自信，但連帶的文化因素也阻礙了他們。不過，你不必堅持這種尋求認可的行為，正如你努力改掉自貶的習慣，你也可以根除尋求認可的習慣。在《傻瓜威爾遜》（*Puddinhead Wilson's Calendar*）一書中，馬克．吐溫（Mark Twain）確實說明了如何打破尋求認同之類的習慣模式：「習慣就是習慣，任何人都無法把它一下子扔出窗外，而是要慢慢哄它下樓，一次走一步。」

一步一步改掉積習

看看這個世界運作的方式，簡而言之，你永遠無法取悅每一個人。事實上，如果你能取悅一半的人，已經做得相當好了。這不算什麼秘密。你要知道，在你的世界裡，至少有一半的人不同意你半數以上的言論。如果這一點成立，那麼無論你表示什麼意見，至少有一半的機率會遭到非難。只要看看就算在壓倒性勝利的選舉中，還有四四％的選民反對勝選者，就知道了。

有了這種認知，你就可以開始以新觀點來看別人的不認可。有人不認可你說的話，你不必覺得受傷，也不必立刻改弦易轍去迎合對方；你可以提醒自己，你只是碰上五〇％不認可你的人的其中一個。無論感覺什麼、想什麼、說什麼或是做什麼，總是會遭到一些反對，了解這一點，就是走出失望隧道的途徑。預料到這一點，就不會因此傷害自己，也不會因為一個想法或感覺被否定，就認為自己遭到否定。

你絕對不可能避免被人反對，無論你有多想要擺脫這種情況。你的每一項意見，都不免會碰到有人持相反的觀點。據《在白宮貼身採訪林肯六個月》（*Six Months with Lincoln in the White House*）作者法蘭西斯·卡本特（Francis B. Carpenter）的報導，美國總統林肯（Abraham Lincoln）有一次在白宮談到這點：

> ……就算我看過、甚至回應所有對我的攻擊言詞，這家店（政府）仍很可能會因為其他事情而關門大吉。我盡我所知、盡我所能的做，堅持到底。若是結果證明我是對的，所有反對我的說法都微不足道；要是結果證明我錯了，就算有十位天使發誓說我對，也無濟於事。

典型尋求認可行為的一些例子

就如同自我排斥一樣，尋求認可也包括了許多對自己不利的行為。最常見的尋求認可行為如下：

- 改變立場或改變原來相信的事，因為有人表現出不贊同的跡象。
- 刻意修飾說詞，以免對方有不悅的反應。
- 逢迎拍馬，讓別人喜歡你。
- 有人不同意你的想法時，你便覺得沮喪或焦慮。
- 有人與你意見相左時，你便覺得被侮辱或被看低。
- 對別人貼上「勢利小人」或「狂妄自大」等標籤，這等於是說：「請多注意我。」
- 即使根本不認可別人所說的，還是表示同意或點頭。
- 人云亦云，對於「不能說不」感到氣憤。
- 被精明的售貨員唬住，買下你並不想買的東西；或是害怕拿回家，因為另一半不喜歡你這樣。

- 在餐廳裡勉強吃下一客不是按你指定的方式烹調的牛排，因為擔心退回去，侍者會不高興。
- 說些言不由衷的話，以免惹人討厭。
- 傳播有關死訊、離婚、搶劫等壞消息，享受被人注意的快感。
- 徵得生活中某個重要人士的同意才說話、買東西或做任何事，因為你怕那個人不高興。
- 動不動就說抱歉，常說「對不起」，想要讓別人原諒你，並隨時認可你。
- 故意**標新立異**以引起注意，這與為了讓人認可而盲從一樣神經質。因此，穿著晚禮服時腳套網球鞋，或是只吃一小撮馬鈴薯泥，想要別人注意你，都是在尋求認可。
- 在所有場合都以生病為由遲到。遲到就一定會被人看到，那是一種尋求認可的方法，可使每個人注意你。你這樣做可能是想要突顯自己，但如此一來，你就被注意你的人所控制。
- 「假裝」對某件你一無所知的事情很了解，藉此讓人對你印象深刻。
- 讓自己處在受人認可的狀態，藉此博取稱讚，如果沒有獲得稱讚，就感到難過。
- 你尊重的某個人和你觀點不同，並且向你表達他的想法，你因此感到不開心。

顯然，這張清單可以不斷地列下去。尋求認可是世界每個角落都可以看到的文化現象，只有當它成為一種需要，才會令人厭煩。當然，尋求認可若成為一種需要，就等於放棄自己，並將你如何感覺的責任，交到你尋求認可的人手中。

尋求認可的心理效益

檢視這種對自己不利行為的起因，有助於提出一些策略來排除「尋求認可」的需求。以下這些比較常見的原因，本質上大多是出於神經質。將「尋求認可」視為需求可能帶來的效益包括：

- 要別人為你的感覺**負責**。如果你有卑微、受傷、沮喪等感覺，是因為別人不認可你，該為你的感覺負責的是**他們**，而不是你。
- 如果因為他們不認可你而必須為你的感覺負責，那麼要你做任何**改變**都是不可能的，因為你會這樣感覺都是他們的錯，所以他們也應該為你的一成不變負責。因此，尋求認可的行為可以讓你避免改變。

‧只要有他們負責，而你又不求改變，你就不必冒任何險。同時，若尋求認可成為你的生活方式，你在生活中自然會避免任何有風險的活動。

‧加強可憐的自我印象，因而越來越自憐與無所作為。如果你不需要認可，當你得不到認可時，就不會自憐。

‧加強別人必須照顧你的想法，這樣你就可以回到兒時，受到寵溺、保護，以及控制。

‧把你的感覺歸咎別人，這樣就可以對生活中你不喜歡的任何事創造代罪羔羊。

‧自我欺騙。認為自己被你感覺比自己更重要的人喜歡，所以即使你內心很不滿，外表卻顯得很愉快。只要認為別人更重要，外在表現也就更為重要。

‧因別人注意你而獲得安慰。別人注意你，讓你可以對其他同樣尋求認可的朋友吹噓。

‧融入讚賞這種行為的文化，可以為你贏得許多人的好感。

這些神經質行為的效益，顯然與自我憎惡的效益類似。事實上，「逃避責任、改變與冒險」這項主題，是本書提到的一切自毀思想和行為的核心。如果沒有這一切奇怪的診斷用語，堅持神經質行為就會更容易，更為人所熟悉，而且風險更少，尋求認可的需要顯然也不例外。

尋求認可行為的最大諷刺

現在不妨稍微想像一下，假設你真的希望獲得每個人的認可，而且也可以得到這種認可；再假設這是一個健康的目標。記住這一點後，怎樣才是達到目標的最佳、最有效方法？回答這個問題之前，先想想看一個在你生活中似乎得到最多認可的人。這個人喜歡什麼？行事作風如何？有哪些方面吸引每個人？你可能想到某個人，這個人正直、坦率、不受別人意見影響，而且能履行任務。他可能不太有時間尋求別人認可，可能是個不管後果、實話實說的人。也許，他發現圓滑與世故不如誠實來得重要。他不是喜歡傷人的人，而只是沒有時間玩謹言慎行、避免傷人感情的遊戲。

這不是很諷刺嗎？生活中獲得最多認可的人，就是從來不去尋求認可的人，他沒有爭取認同的欲望，不會一心想得到它。

下面一則小寓言可以說明，快樂就是不把尋求認可當作一種需要：

大貓見小貓追逐自己的尾巴，就問牠：「為什麼你要這樣追你的尾巴？」小貓說：「我知道，對貓最好的事就是快樂，而快樂就是我的尾巴，所以我追尾巴，當我抓到它，就會擁有快樂。」

大貓說：「孩子，我也曾注意到這個大家都有的問題，我也曾以為快樂就在我的尾巴上。但是我發現，我愈是去追尾巴，尾巴就一直逃離我，反而我做自己的事情時，似乎無論我到哪裡，尾巴都跟著我。」[1]

所以，諷刺的是，如果你想得到所有人的認可，最有效的辦法就是不要追求它，避免追逐它，而且不向每個人尋求它。藉由保持自我，並運用自己的正面形象，你就會獲得更多的認可。當然，你做的每一件事絕不可能全都得到每個人的認可，但如果你自認為有價值，即使沒有得到認可，你也不會感到沮喪。在這個世上，每個人都覺得自己是獨立的個體，只要自認有價值，別人的不認可都只是人生在世的自然結果。

---

1 詹姆士（C.L. James），〈幸福論〉（On Happiness），收錄於《一粒沙中看世界》（*To See a World in a Grain of Sand*），凱撒・強森（Caesar Johnson）（Norwalk, Conn.:The C. R. Gibson Co., 1972）。

如何不將尋求認可當作需求

為減少尋求認可的行為，你必須先從讓自己持續這種行為的神經質效益著手。碰到別人不認可時，除了思索新的自我提升的想法之外（這是你所能使用的最有效辦法），還有一些特定方法，可以用來擺脫尋求認可的困境。

・以「你」這個字起頭，對不認可採取新的回應。例如，你發現父親不認可你，甚至還動怒。你不要改變立場或是為自己辯護，只要回應：「您生氣了，您覺得我不應該這樣想。」這會使你持續注意到，是他不認可，而非你不認可。你可以隨時運用「你」策略，精通這項技巧，就會得到驚人的成效。你必須抗拒以「我」這個字開始發言的誘惑，以免讓自己落入一個立場：辯護或修改剛才為了爭取對方接受所說的話。

・如果你認為別人想藉著不認可來操縱你，試著改變說法。不要為了獲得某些認可的利益而態度軟化，你可以大聲說：「通常我會改變立場，使你和我意見一致，但我確信我剛才說的話是正確的，你得用自己對這件事的感覺來判斷。」或是說：「我猜你希望我改變剛才說的話。」

・你可以感謝某人提供有助於你成長的資訊，即使那是你不樂於聽到的意見。這個感謝的動作可以結束任何尋求認可的行為。例如，你丈夫說，你的行為舉止既害羞又緊張，他不喜歡。這時不要試著討好他，只要謝謝他提出意見，尋求認可的行為便會消失。

・你可以積極尋求不認可，並努力避免生氣。挑一個必定會反對你的人，你完全不顧對方的不認可，鎮靜地維持立場。你會愈來愈不易動怒，而且不必改變自己的觀點。你會告訴自己，你已經料到會有這種「反對」，他們這樣做並沒有錯，但其實跟你沒有什麼關係。你主動尋求不認可，而非一味躲避，藉此可以建立自己的行為腳本，供日後有效處理別人不認可的態度。

・你可以練習忽略別人的不認可，不去注意那些企圖以譴責來操縱你的人。我的一位同事有一次在柏林對一大群聽眾演講，某位聽眾顯然對演說中的某些話感到不滿。最後他忍不住，挑出演說者所說的一個次要重點，用反問的方式，喋喋不休地口出惡言，他企圖引演說者上鉤，想讓演說者瘋狂回罵。對於他的激烈言詞，我同事只回了一句「好」，然後繼續演說。我同事不理會這種謾罵，證明他不會根據別人的感受來評估自己，而那個惹事者當然也就無話可說了。如果演說者沒有自信，就可能會把別人的反對看得比他對自己的看法更重要，如此一來，當別人不認可他時，他便會感到沮喪。

•你可以把別人所想、所說、所做的，與自我價值之間的連結打破。碰到反對意見時，可以告訴自己：「那是她的說詞，我預料到她會那樣，這與我無關。」把別人的感覺與自己的想法連結，只會對自己造成傷害，上述方法能排除這種傷害。

•遭到反對時，問自己一個重要問題：如果他們認可我，我會比較好過嗎？答案顯然是否定的。除非你讓他們的想法對你產生影響，否則無論他們怎麼想，你都無所謂。此外，你很可能發現，當你與那些對你重要的人（老闆或情人）意見不同，卻能輕鬆面對時，他們會更喜歡你。

•接受一項簡單的事實：很多人並不了解你，那沒關係。反之，你也不了解很多跟你很親近的人。你毋須了解他們，他們跟你不同，並沒有什麼錯，你應具備的最基本了解是，你並不了解。古斯塔夫．伊奇瑟（Gustav Ischheiser）在《表象與事實》（*Appearances and Realities*）一書中清楚說明了重點：

……如果彼此不了解的人們至少知道他們不了解彼此，那麼這時他們對彼此的了解，比起他們彼此不了解、甚至不知道彼此不了解時，要好得多。

- 你可以不必爭辯、或是試著說服任何人相信你的立場是對的，只要你相信自己就好了。
- 買衣服或其他個人用品時，相信自己，不要先問你重視的人有何意見。
- 不要再問配偶或別人類似以下的話，以證明你說的是事實：「那樣對嗎？親愛的？」「拉芙，我們就這樣嗎？」或「去問瑪莉，她會告訴你。」
- 每當你以尋求認可的方式行事時，應該大聲糾正自己，藉此察覺這種傾向，並練習新的行為。
- 不要一直道歉，不要連你不是真的為自己的話感到抱歉時也在道歉。所有的道歉都是要求原諒，要求原諒就是尋求認可，而尋求認可往往是採取以下的形式：「如果我剛剛的行為就是我真正的意思，我知道你一定不會喜歡我，所以請跟我說，你覺得我還是不錯的。」道歉是在浪費時間。如果你需要別人原諒才會覺得好過，你就是讓他們控制你的感覺。雖然你可以下決心不再以某些方式行事，並將你的某些行為視為遺憾，但道歉的行為是一種病，可以讓人控制另一個人的感受。

・在與人談話時，你可以計算自己發言的時間，並與對方發言的時間做比較。努力要求自己說話時不要結結巴巴，且只在被問到時才發言。

・下次與人聚會時，你可以觀察自己有多少次說話被打斷，以及當你與一群人中的另一人同時開口時，你是否總是讓他先說。你可能是採取畏縮的手段來尋求認可。你可以擬一些策略，使你的發言不被打斷，例如在社交場合突然出現這種情形時，就立即明白指認出來。

・記錄你說敘述句與詢問句的數量。你是否常提問、尋求同意與認可，而不是表達自己的意思？例如，「今天真愉快，不是嗎？」這是讓別人擔任解決問題的角色，而讓自己處在尋求認可的立場。簡單一句「今天真愉快」是一種宣言，而不是試圖尋求答案。如果你總是這樣問別人，就反映出你對自己的主導能力缺乏信心。

要排除生活中尋求認可的需要，以上這些方法都是起步。雖然你不必努力排除所有的認可，但至少不要因為沒有獲得自己渴望的認可，就停滯不前。掌聲令人高興，認可是令人愉快的經驗，但你要尋求的是，即使得不到喝采也不會痛苦。正如節食者不會吃飽飯再去測試自己減重的勇氣，或是戒菸者不會在按熄一根菸後評估自己的戒菸決心一樣，你不需要在完全不獲認可的情況下考驗自己。你可以等到熟悉如何處理別人的敵對，不再強求每個人對你讚賞，再來鄭重宣告自己已經不再需要尋求認可，但除非你面對爭論，否則你無從得知自己做得如何。如果你能在生活中排除這個棘手的誤區，其他問題似乎就可迎刃而解，因為打從你呱呱墜地，你已習慣性地需要別人認可。這需要多加練習，但值得你全力投入。面對不認可時若是能不絕望，你人生中的每個當下都能無入而不自得。

長，我們很容易把標籤當作自己不求改變的理由。丹麥哲學家齊克果（Soren Kierkegaard）說：「一旦你為我下標籤，你也否定了我（其他的可能性）。」當一個人必須遵守標籤上的定義時，自我就不存在。為自己下標籤也是這樣，你可能因為認同標籤上的定義而否定自己，而沒能發現本身的成長潛力。

所有的自我標籤都出自個人的歷史。但美國詩人卡爾．桑德堡（Carl Sandburg）在《大草原》（*Prairie*）中就說：過去「是一桶灰燼」。

檢視一下自己受過去束縛的程度。所有對自己有害的「我……」描述，都是使用以下四個神經質句子的結果：

1.「那就是我。」
2.「我一向都是那樣。」
3.「我沒辦法。」
4.「那是我的本性。」

這些連接語形成一個小組合，它們使你無法成長、改變、創新生活（此時此刻的生活——也就是你現在擁有的全部人生）、興奮，也做不到當下的自我實現。

我認識一位祖母，她每週日都要求全家共進晚餐，並根據自己的規定分配盤子，精確地決定每個人該吃多少。她分給每人兩片肉、一匙碗豆、一堆馬鈴薯等等。有人問：「為什麼妳要這樣做？」她回答：「噢，我一直都是這樣。」為什麼？因為「我就是這樣」。祖母對自己行為的解釋是，那是她的自我符號，而這種標籤源自她過去的行為方式。

有些人碰到別人質疑他們的行為時，真的會把四句話全用上。你可能會問某人，為什麼一出現意外事件的話題，他總是會難過，他可能回答：「噢，那就是我，我一向是那樣。真的沒辦法，我本性如此。」哇，四句話全用上了，每句都用來解釋他為什麼從未改變，甚至從未考慮過要改變。

你的「我……」語句描述了一種自我抹殺的行為，這種行為可以追溯到你過去學到的某件事。每次你用到這四個句子的其中一句，你其實是在說：「我打算繼續保持我長久以來的樣子。」

你可以開始解開你與你過去之間連接的繩索，不要說那些讓你一成不變、毫無成效的句子。

你可能用來描述自我的典型清單

我害羞
我懶惰
我膽小
我害怕
我笨拙
我焦慮
我健忘
我沒有機械細胞
我數學很差
我孤獨
我呆板

我不會煮菜
我很不會拼字
我容易疲倦
我無精打采
我不得體
我容易發生事故
我暴躁易怒
我對人有敵意
我很嚴肅
我很冷淡
我無趣

我胖
我沒有音樂細胞
我沒有運動細胞
我邋遢
我固執
我不成熟
我一絲不苟
我粗心大意
我有報復心
我不負責任
我容易緊張

這份清單中可能有幾項符合你的自我描述，你也可能在思考自己的清單。重點不在於你選擇哪些標籤，而是在於你是否真的選擇為自己下標籤。如果你真的滿意任何「我……」描述句，那就沒有問題，但如果你能夠承認，其中某些描述經常妨礙你，那就該是做一些改變的時候了。讓我們從了解「我……」描述句的來源開始。

人們想為你下標籤，把你劃歸到細小的類別，覺得這樣做比較省事。英國作家勞倫斯（D. H. Lawrence）在〈他是什麼？〉（*What Is He?*）一詩中，看出這種標記過程的愚蠢。

他是什麼？
——當然是個男人。
——對，但他是做什麼的？
——他活著，是個男人。
的確！但他必須工作。他必須有某種職業。
——為什麼？
因為顯然他不屬於有閒階級。

——我不知道。他有很多空閒時間，而且製造出非常美的椅子。

對了！他是細木工。

——不是，不是！

總之是木匠。

——完全不是。

但你是這樣說。

——我說了什麼？

說他製造椅子，是個木匠。

——我說他做椅子，但沒說他是木匠。

好吧！那他只是業餘的木匠？

——也許吧！你說畫眉鳥是職業吹笛手，還是業餘的？

我說牠只是一隻鳥。

——我說他只是個男人。

好吧！你總是在詭辯。

那些「我……」描述句如何開始

你的「我……」描述句，前身可分成兩類，第一類標籤來自別人。當你還是小孩時，別人就給你貼上標籤，你一直帶著它到今天。另一種標籤是你自行選擇的結果，你做這個選擇，是為了避免做令你不安或感覺困難的活兒。

第一類是目前最為普遍的。小荷普讀二年級，她每天上繪畫課，很喜歡著色和繪畫。有一天，老師跟她說，她畫得不太好，從此她開始逃避畫畫，因為她不喜歡不受認可。不久，她的「我……」描述句有了一種開端：「我不擅長畫畫。」逃避行為愈多，就愈強化這個觀念。荷普長大後，有人問她為什麼不畫畫，她說：「哦，我不擅長畫畫，我一直都畫不好。」大部分的「我……」描述句都其來有自，從你聽到以下這類句子開始，就跟著承襲下來：「他有點笨拙，他哥哥擅長各種運動，但他是勤能補拙型的。」或是，「你就像我一樣，我也從來都不擅長拼字。」或是，「比利總是那麼害羞。」或「她就像她爸爸一樣，唱歌會走調。」這些是「我……」描述句的誕生儀式，它們從未被質疑或挑戰，而是完全被視為一種生活狀況。

在生活中，你覺得誰該為你的自我描述負最大責任？你可以與他們談一談（也許是父母、世交、以前的老師、祖父母等），詢問他們，他們認為你是怎麼成為現在這個樣子的，是不是你一直都是這樣？告訴他們，你決心改變，看他們是否相信你能改變。你會為他們的說法感到驚訝，以及他們會怎麼覺得你不可能有任何改變，因為「你一直是那個樣子」。

第二類的「我……」自我描述標籤，源自那些你學會貼上，以便躲避你不喜歡活動的標籤。我曾有個病患名叫霍瑞斯，他已經四十六歲，很想上大學，因為第二次世界大戰使他錯失了念大學的機會。不過，要跟高中剛畢業的年輕人競爭學業，使霍瑞斯備感威脅，他害怕失敗，而且懷疑自己的學識能力。他常常看大學簡介，並在諮詢輔導人員的協助下，參加合適的入學考試，也與當地社區大學的入學人員安排面談。但他仍然用他的「我……」自我描述來迴避實際的行事流程。他為自己的消極無為辯解：「我太老了，腦筋不夠靈光，而且真的沒興趣。」

霍瑞斯用他的自我描述來逃避自己真正想要的東西。我的一位同事也用這類理由來擺脫他不喜歡做的事。「親愛的，現在你總算知道了吧，我實在沒有機械細胞。」他這麼提醒太太，以避免修理門鈴、收音機或任何他不想做的雜務。這類「我……」自我描述是適應下的行為，但無論如何還是自欺欺人的藉口。比起說「我覺得這種活動很無聊，讓人興趣缺缺，現在不打算去做。」（這是極為合乎邏輯又健康的說法）直接端出自我描述的句子，不是更容易嗎？

在這類情況中，人們會開始描述自己。他們說：「我在這方面已經定型了，永遠不會有任何改變。」但如果你是個成品，一切已成定局，你就不會再成長，當你很想堅持某些「我……」的自我定義時，你會發現這些定義都有其限制性，且對自己不利。

下面列出一些過往留下來的標籤。如果其中有任何標籤屬於你，你可能想加以改變。在任何方面保持原狀，就等於作出第一章所說的那類雖生猶死的決定。記住，這不是討論你不喜歡的事，而是要檢視，是什麼行為阻礙你選擇參與許多有樂趣和刺激的活動。

自我描述的十種類型及其神經質的心理報酬

1. 我不擅長數學、拼字、閱讀、語言等

這種自我描述使你絕不會投入努力以進行改變。要精通你一向覺得困難或無趣的科目，必須下苦功，而這種學習上的自我描述，會妨礙你付出努力。只要你對自己貼上「笨拙」的標

籤，你就有避不處理的現成理由。

2. 我不擅長烹飪、運動、鉤針編織、繪畫、表演等技術領域

這種自我描述保證你未來不必做這類事情，而且把過去表現不佳的情況合理化。「我一向都是這樣，那就是我的本性」，這種態度加強了你的惰性，更重要的是，它幫助你鎖定一個荒謬的觀念：如果你做不好，就不要做。若是如此，那麼除非你是世界冠軍，否則什麼都不要做還好些。

3. 我很害羞、保守、喜怒無常、緊張、害怕等

這些自我描述似乎都是與生俱來的特質，所以你不會向它們或它們背後自毀的想法挑戰，而是單純的接受，並以此證實你一直都是這樣。你也可能歸咎於父母，認為你的現狀是他們造成的，你把他們視為問題癥結，這樣自己就不必改變。你選擇這種行為，在遇到讓你煩惱的情況時，就不必表現出堅定自信的樣子做決斷。這些自我描述是從你童年時期就留下來的，當時別人總是讓你相信，你自己無法思考。這些是人格上的「我……」，這些自我定義幫你避免「改變現狀」這件苦差事，你只是用一個方便的自我描述為你的人格下定義，這樣你就可以把各種自我放棄的行為說成是你無法控制。你否定了「你能選擇自己人格」的觀念，轉而仰賴遺傳上的不幸，來解釋你想否認的所有人格特質。

4. 我動作很笨拙、缺乏協調性等

這些你從小就學會的「我……」自我描述，讓你避免因為身手不如別人矯健而可能受到的譏諷。當然，你動作不靈活，並非你天生有缺陷，而是因為你一直都相信那些自我描述，因此對於體力活動都是能免則免。你抱持這種自我描述，採取觀望態度，而且假裝你真的不喜歡那些事。其實，能讓你擅長某件事的，是練習，而非逃避。

5. 我不吸引人、長得醜、骨架粗大、平凡、太高等等

這些生理上的「我……」自我描述，使你不敢交異性朋友，並且讓你能夠解釋，為何你會選擇乏善可陳的自我形象又缺乏愛情。只要你用這種方式描述自己，你就有現成的藉口不讓自己試著發展愛情，也不必努力使自己更吸引人。你可以用你鏡中的形象當作「不想冒險一試」的藉口，但這裡只有一個問題：我們看到的，正是我們自己選擇的樣子，即使在鏡中亦然。

6. 我沒有條理組織、拘泥細節、草率馬虎等

這些行為上的「我……」自我描述，讓人便於操縱別人，也方便解釋事情為何必須照某種方式來做。比方說「我一直是那樣做」，就好像傳統是做任何事的理由，這句話也隱含「我未來會一直那樣做」的訊息。你仰賴一直以來的做事方法，所以從來就不想冒險換個方式來做，你也同時能夠確信，周遭的每個人都會如法泡製。這種自我描述是以「政策」代替思考。

7. 我健忘、漫不經心、不負責、冷漠等

當你想為某個欠缺效率的行為辯解時，這種「我……」自我描述特別有用，你可以因此不必運用你的記憶，也不用理會你的粗心大意，你只要說句「我就是那樣」，就可以替自己辯解。當你用上述任何一種方式做事時，只要把這種自我描述提出來，你就永遠不必努力改變，可以繼續忘東忘西，並且提醒自己，你是萬不得已才這樣，而且你會一直健忘下去。

8. 我是義大利人、德國人、猶太人、愛爾蘭人、黑人、中國人等

這些是人種上的自我描述，當你做出不合適又太難掌握的行為，卻又找不到其他理由來解釋時，這種「我……」自我描述非常管用。當你表現出和本身次文化相關的刻板方式行事時，

你多半會拿人種的自我描述來當作理由。我曾經問一位餐廳領班，為什麼他會這麼容易激動，對微不足道的問題勃然大怒，他回答說：「你要我怎樣？我是義大利人，我沒辦法。」

9. 我霸道、固執己見、獨裁等

這些「我……」自我描述讓你能夠維持帶有敵意的行為，而不是努力培養自制力。你是用「我沒辦法，我一直都是那樣」來粉飾不當的行為。

10. 我老了、步入中年了、累了等

藉由這種自我描述，你可以用你的年紀來解釋，為什麼不參加可能有風險或威脅性的活動。每當你發現自己面臨某種情境，像是運動、離婚後的約會、配偶過世、旅行等，你可能會說「我太老了」，這樣你在嘗試新奇和有助於成長的事情時，就不會碰到隨之而來的附帶風險。這類有關年紀「我……」自我描述的意涵在於，你在這方面已完全定型，而且因為你會愈來愈老，你不會再成長，也不會再經歷任何新事物。

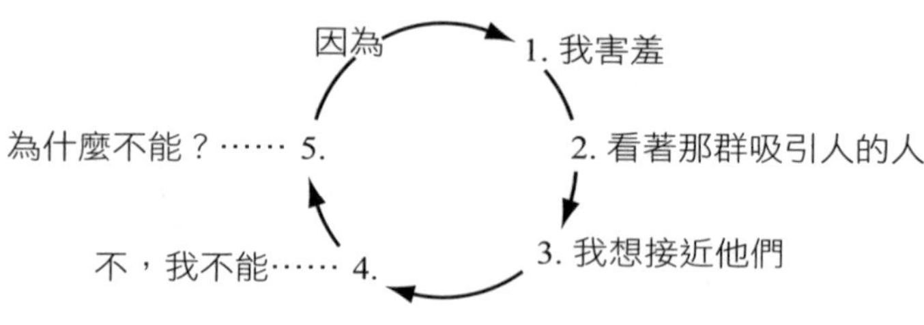

圖一

「我……」自我描述的循環

用「我……」自我描述來固守你的過去，這麼做的效益可以用兩個字來總結：逃避。每當你想逃避某種活動，或是掩飾人格上的缺陷，你總是可以用自我描述為自己辯解。事實上，在你多次使用這些定義後，你也會開始相信自己就是這樣，到那時，你就變成了定型的成品，你的餘生注定就會是這樣。給自己下標籤讓你能避開困難的工作及嘗試改變的風險，引發這些標籤的行為也因此永遠不會消失。也就是說，如果有個自認為很害羞的年輕男子參加宴會，他的行為就會表現出他是害羞的，而且會進一步支持他的自我形象。這是惡性循環。

看看上圖（圖一）。這個年輕人沒有在循環的第三點和第四點之間介入，而只是用一項自我描述就退縮，巧妙地避開擺脫自我束縛所需要冒的風險。這個年輕人害羞，可能有很多原因，有些或許要追溯到他小時候。無論是什麼原因造成他的害怕，他已經決定不去試著解

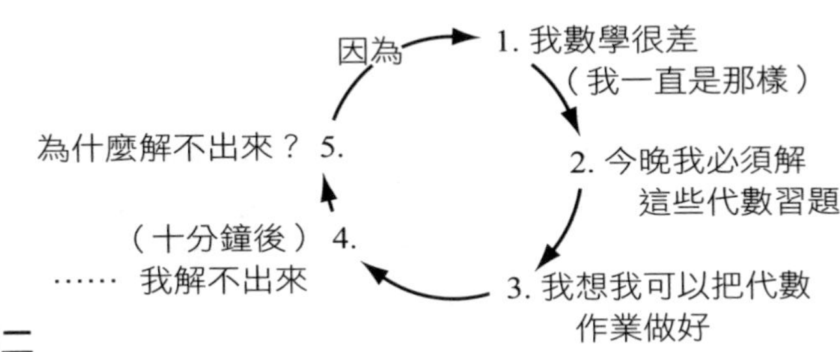

圖二

決對社交的戒慎恐懼，而只用簡單的自我描述來辯解逃避。他太害怕失敗，所以沒辦法嘗試。如果他相信當下以及自己的抉擇能力，他的說法就會從「我害羞」改變成「到目前為止，我一直以害羞的態度行事」。

這個害羞的惡性循環可以應用到一切自貶的「我……」自我描述上。以一個自認為數學很差的學生為例，他在做代數家庭作業時的惡性循環如上圖示（圖二）。

這個學生不在第三和第四點之間停下來，多花點時間研究、請教人，或下工夫理解，而只是停下來。問他為什麼代數不及格，他會說：「我數學一向很差。」這些可憎的自我描述，就是你讓自己開脫，並向別人解釋為何你堅持對自己不利的模式時的擋箭牌。

固守過去，並且依賴「我……」自我描述的頭一個效益就是逃避改變。你可以看看自己神經質的邏輯循環，並開始挑戰你生活中已經固定不變的層面。每次你用一個自我描述解釋你不喜歡的行為時，可以試著想像自己是被裝在一個已經包裝妥當、裝飾華麗的盒子裡。

當然，描述自己比改變自己容易多了。也許你把你的自我定義歸因於父母，或是在你童年時期的其他重要成人，例如老師、鄰居、祖父母等，但只要你認為他們必須對你現在的自我描述負責任，就等於是讓他們對你的生活擁有某種程度的控制權，把他們抬到比你高的地位，並且為自己停留在欠缺效益的狀況製造託辭。

如何擺脫過去，並排除煩人的自我描述

擺脫過去，需要冒險。你已習慣你的自我定義，在某些情況中，這些自我定義在日常生活中就像是種支持體系。排除這些「我……」自我描述的一些具體策略包括：

- 盡可能隨時去除「我……」自我描述，用以下這類句子來代替：「直到今天為止，我一直選擇那樣。」或是「我過去認定自己是……」
- 向與你接近的人宣布，你要努力排除一些「我……」自我描述。決定最該消除哪些自我

描述，並要求那些人，每當你說出那些自我描述時，就立刻提醒你。

- 設定行為目標，改變以往的作風。比方說，如果你認為自己害羞，就主動向一個你以前可能會避開的人自我介紹。
- 與一個值得信賴的知己談談，讓他幫助你對抗過去的勢力。要求他，每當注意到你落入「我……」自我描述的窠臼時，就默默拉拉他的耳朵向你示意。
- 每天記錄你自貶式的「我……」自我描述，並記錄你的行為及那樣做時的感覺。為期一週，用筆記本記下你使用任何自貶式自我描述的確切時間、日期和場合，並努力減少這些說詞，可利用本章前面提供的清單做為記錄日誌的指南。
- 注意那四句神經質的句子，每當你開始使用它們，就用以下方式**大聲**糾正自己。將……

「那就是我」改成「那是以前的我」。

「我沒辦法」改成「如果我努力，就能改變」。

「我一直是那樣」改成「我準備改變」。

「那是我的本性」改成「我以前認為那是我的本性」。

- 試著每天努力排除一個「我……」自我描述。如果你使用「我很健忘」來描述自己，那就訂星期一特別注意這種傾向，看你是否能改掉一、兩種健忘行為。同樣地，如果你不喜歡「我很固執」的自我描述，那就給自己一天的時間容忍不同的意見，看看是否能夠一天排除一個自我描述。

・你可以在第三和第四點之間中斷自己的「我……」自我描述循環，並且下決心拋棄那些以前用來逃避的老藉口。

・找一件你從未做過的事，並騰出一個下午來做。花三個小時專注於你過去一直逃避的全新活動後，看看你是否仍然會用到那天上午所用的「我……」自我描述。

你所有的「我……」自我描述，都是學來的逃避模式，但只要你下定決心，你幾乎什麼都可以學會。

結語

沒有別的東西跟人性一樣。人性這個用語本身就是為了把人分類，並且製造藉口。你是你的選擇的總和產物，你愛用的每一個自我描述「我……」都可以重新標記為「我選擇要……」。現在回顧本章開頭的問題：「你是誰？」以及「你如何描述自己？」想一些好的新定義，必須是與別人過去為你做的選擇，或是與你迄今所做的選擇絲毫無關的新定義，那些老舊和令人生厭的定義，只會妨礙你盡可能充實豐富地過生活。

記住泰倫斯．懷特（Terence H. White）所著的《過去和未來的國王》（*The Once and Future King*）一書中，魔法師梅林（Merlin）所說有關學習的話：

梅林回答說：「悲傷最好的事，就是藉由悲傷去學些東西，這屢試不爽。你可能年華漸老，身體顫抖，可能徹夜無眠，聽見自己的脈動異常，也可能失去唯一所愛，或是眼見周遭世界遭邪惡狂徒破壞，或是發現自己的名聲遭小人踐踏。這時候，唯一可以因應這種狀況的事情，就是學習。學習為何世界會動，使它動的因素是什麼？那是唯一能使心智永不枯竭、永不被疏遠、永不受折磨、永不恐懼或猜疑、永不後悔的事。學習是為自己好的事。看看有多少事情要學——純科學，在科學裡才有『純淨』。你可以窮一生的時間學習天文、花三倍的時間學自然史、花六倍的時間學文學。在你耗用一百萬輩子學習生物學、醫學、地理、歷史、經濟之後，想想為何能用適當的木料製造一個車輪，或花五十年學習在擊劍上擊敗你的對手。然後，你可以再開始學數學，直到時候到了，你還可以學習下田。」

任何妨礙你成長的自我描述，都是必須驅除的惡魔。如果你一定要有一個「我……」自我描述，試試看這個如何：「我是一個驅除『我……』自我描述的驅魔者，而且我喜歡這麼做。」

第5章 無謂的情緒——內疚與憂慮

如果你認為內疚或憂慮足以改變過去或未來，你就是住在一個與我們現實不同的星球上。

人生在世，最無謂的兩種情緒，就是為過去的事內疚，以及為可能要做的事憂慮。就是如此！這就是最大的浪費：憂慮與內疚。檢視這兩個誤區，便能看出它們之間的連結；事實上，可以將它們視為同一個誤區的兩端（圖一）。

內疚意味著，你由於**過去**的行為，讓自己的當下完全停滯不前；而**憂慮**是一種假想，使你因為**未來**的某件事——通常是你無法控制的事——在當下停滯不前。試想，如果你是為尚未發生的事情感到內疚，而為已經發生的事情感到憂慮時，就可以更清楚看出這一點。雖然憂慮是對未來的一種反應，內疚是對過去的一種反應，但兩者的作用都會讓你的現在陷入沮喪或停滯不前。羅伯·

圖一

X———————　現在　———————X
內疚（過去）　　　　　　（未來）憂慮

瓊斯・柏德特（Robert Jones Burdette）在《金色的日子》（*Golden Day*）中寫著：

> 使人瘋狂的，不是今天的經歷，而是為昨日發生的事懊悔，以及為明日可能發生的事憂懼。

幾乎你遇到的每一個人身上都可以看到內疚與憂慮。世界上有很多人不是為他們原本不該做卻做了的事感到難受，就是為那些可能或不可能會發生的事憂慮，你大概也不例外。如果你陷入憂慮和內疚的誤區，一定要設法徹底根除和消毒，把干擾你諸多生活層面的憂慮與內疚清除掉。

在我們的文化中，內疚與擔憂可能是最普遍的苦惱類型。你心懷內疚，就會聚焦於過去，對做過或說過的事感到沮喪或生氣，使當下被對過去行為的感覺霸占。而心懷憂慮，就會把珍貴的此時此刻耗在執著於未來的事上。無論是回顧或前瞻，結果都一樣，你會浪擲現在。柏德特所說的「金色的日子」其實指的便是「今天」，他用以下這些話，總結了內疚和憂慮這兩件蠢事：

我一週有兩天從不憂慮，兩個無憂無慮的日子，徹底免於恐懼與焦慮。這兩天其中一天是昨天……另外一天是明天。

進一步檢視內疚

大多數人的一生中都會受制於內疚這項陰謀，這項未經盤算的計畫使我們變成名副其實的「內疚機器」。這部機器的運作模式是：有人傳遞給你一項消息，想提醒你，你曾經是個壞人，因為你說過或沒說過什麼、感覺過或沒感覺過什麼、做過或沒做過什麼，而你的反應就是在當下感到難過。你是內疚機器，一部會走、會說、會呼吸的機器，每當有適當的燃料注入，你的反應就是內疚。如果你充分沈浸在這個製造內疚的文化中，你這部機器就是注滿了燃油。

為什麼你要接受社會文化多年來持續對你傳遞的憂慮與內疚訊息呢？主要原因在於如果你不感到內疚，就會讓人覺得很「壞」，如果不憂慮，就會讓人覺得「沒人性」。這都與「關切」有關。如果你真的**關切**某人或某事，就會因為曾經做過的不當之事而內疚，或是提出一些明顯證據證明你關心他們的未來，藉此展現你的關切。這幾乎等於你必須表現出神經質的行為，才能被認定是懂得關懷的人。

在所有誤區的行為中，內疚是最無謂的，最浪費情緒精力的。為什麼？因為根據定義，讓你在當下停滯不前的某件事都已經成了定局，任何內疚都無法改變歷史。

從過往經驗來學習分辨內疚心理

內疚不只是心繫過去，還會因過往之事而在當下停滯不前。造成停滯的程度不一，從些微沮喪到嚴重憂鬱都有可能。如果你只是從過往經驗來學習，並且矢言不重蹈覆轍，這不是內疚；只有當你因為過去某種行為而無法於現在採取行動，才是內疚。從錯誤中學習是健康的，也是成長的一個必要部分。內疚則是不健康的，因為你把現在的精力花在已發生的事情上，對過去的事感到受傷、難過及沮喪，這一切都是徒勞無功的，內疚無法讓任何事情重新來過。

內疚的根源

內疚演變為個人情緒的一部分，有兩種基本途徑：第一種途徑是，人們從很小的時候就學會內疚，殘餘的童年時期反應一直保留到成年；第二種途徑是，成人違反了自己表明要服從的規範，因而將內疚強加在自己身上。

1. 殘留的內疚

這種內疚是從孩提時期的記憶留下來的情緒反應。製造內疚的說法有很多，它們對孩子產生作用，在孩子長大後仍然具有影響力，這種內疚包含以下的告誡：

「你再這樣做，爸爸就不喜歡你了。」

「你應該為自己感到羞愧。」（言下之意是慚愧對你有幫助）。

「好吧，我只不過是你媽而已。」

成年後，如果他使上司或視若父母的其他人失望，這些句子背後的意涵仍能造成傷害。他一直努力想獲得他們的支持，所以當一切努力失敗時，內疚就油然而生。

這種內疚也在性愛與婚姻中浮現。從許多自責以及對過往行為的歉疚上都可以看到。這些內疚反應之所以存在，完全是小時候受大人操縱的結果，即使及至孩子長大，殘留的內疚仍然具有影響力。

2. 自己強加的內疚

第二種內疚反應更為棘手。某人因為最近所做的事陷入停滯，這不一定與小時候有關，而是他違反了成人的原則或道德規範所導致。這個人可能會難過很久，即使這種傷痛並不能改變既定事實。典型自己強加的內疚包括因為責備某人而討厭自己，或是因為某些行為而使得現在情緒低落，比方說順手牽羊、未上教堂，說出過去的錯事等。

因此，你可以把你所有的內疚分成兩種情況：一是對過去殘留標準的反應，你一直試著取悅一個並不存在的權威人物；二是因為試著遵守自己強加的標準而產生，你其實並不接受這個標準，但基於某種理由，你還是會做到表面功夫。無論是哪一種，都很愚蠢，更重要的是，兩種都是毫無用處的行為。你可以一直坐在那裡，悲嘆自己有多麼差勁，內疚到死為止，但這種罪惡感絲毫不能修正過去的行為。往者已矣！你內疚，是想要改變歷史，希望事情不是這樣。不過事實俱在，你也莫可奈何。

你可以開始改變你對內疚的態度。我們的文化充斥著嚴肅的想法，常會發出以下的訊息：「如果那是開玩笑，你應該感到內疚。」你的自責反應可能大多源自這種想法，也許你因此告訴自己不應該放縱、不可以說黃色笑話，或是不應該參與某種性行為。我們的文化中隨處可見禁止的訊息，但因為讓自己開心而產生內疚，純粹是自作自受。

你可以學會不帶罪惡感地玩樂，認定自己能夠做任何符合自己價值觀的任何事，同時又不致傷害別人，而且做的時候毫不內疚。如果你做了某件事，無論那是什麼事，你做了以後不喜歡，或對自己不滿，那就發誓以後不再重蹈覆轍。但是悲嘆自己造成的內疚是很不健康的，這種事就別再做了。內疚於事無補，不但使你停滯不前，還會增加重蹈覆轍的機率。內疚可以產生效益，但也可能使你重蹈覆轍，如果你沉溺於內疚中，你將使自己停留在那種惡性循環中，最後導致你當下的不快樂。

典型的內疚來源類型和反應

1. 父母製造的內疚

父母透過內疚操縱孩子完成工作：

媽媽：「唐尼，把地下室的椅子拿上來，我們馬上就要吃飯了。」

孩子：「好，媽，等一下，我在看棒球賽，看完這局就去拿椅子。」

媽媽：「算了，我自己來，就算背痛也得去做。你就坐在那邊享受好了。」

唐尼想像媽媽跌倒，六把椅子掉在她身上的景象，而他要為此事負責。

這種「我為你犧牲」的心態，對製造罪惡感極為有效。例如父親回憶以往艱苦的歲月，他放棄自己的快樂，你才能夠擁有現在的幸福。他這番話提醒了你的虧欠，你自然會自問：我怎麼可以這麼自私。母親提到生育的痛苦，這也是製造這種內疚心理的一個例子。「我陣痛了十八個小時，才把你生下來。」另一種有效的話是：「我都是為了你，才沒有和你爸爸離婚。」這句話是要讓你為媽媽的不幸婚姻而內疚。

內疚是父母操縱孩子行動的有效方法。「好吧，我們會自己待在這裡，你儘管自己去快活，不要擔心我們。」這種話可以有效地使你按時打電話回家或探望。但或許你聽到的是：「怎麼搞的，你的手指斷了嗎？就不能打個電話回來？」父母把內疚機器打開，你儘管心裡很反感，也只能照著話去做。

「你讓我們丟臉」的戰術也很管用。或者說「鄰居會怎麼想？」，動用外力使你對自己的行為難過，讓你不要為自己著想。「如果你做什麼都失敗，就會讓我們丟臉。」這種愧疚心理會讓你幾乎不可能在表現不佳之後還心安理得。

父母生病更是製造內疚最好的方法。「你讓我血壓升高」、「要我的老命」、「讓我心臟病發作」都能有效引發內疚，另外還把一切因年事漸高而常見的毛病都歸咎在你身上。你必須隨時承擔這種內疚，因為它可能會延續一輩子，如果你特別脆弱，可能甚至要承擔父母去世的內疚。

父母加諸有關性的內疚，也相當普遍。幾乎所有的性思想或行為，都是培養罪惡感的沃土。「上帝禁止手淫，手淫是不好的事。」透過內疚，可以操縱孩子正確的性態度。「你看這種雜誌真該感到羞愧，你甚至不該有看這種雜誌的念頭。」

內疚也可以用來培養社會的適當行為。「你怎麼可以在祖母面前挖鼻孔，太讓我尷尬了。」「你忘記說謝謝。真丟臉，你要我朋友認為我沒把你教好嗎？」其實不用讓孩子內疚，也可以協助他們學習社會接受的行為。更有效的方式是，先簡單的提醒這種行為不當，再解釋原因。比方說，如果告訴唐尼，他一直打斷人家的話，令人不安，而且讓談話無法進行，他就會有初步的概念，而不會因為以下的說法感到內疚：「你老是打斷人家的話，應該感到慚愧，有你在旁邊，根本沒辦法聊天。」

即使成年，也不一定能杜絕父母透過內疚進行的操控。我有個小兒科醫師朋友，他五十二歲，是猶太裔，卻娶了一個非猶太裔的女子，所以一直不敢讓他母親知道他已結婚，唯恐這件事會「氣死老媽」，或者更恰當地說，唯恐自己會氣死老媽。他準備了另一間公寓，裡面的家具陳設全都是為了每週日與八十五歲的老媽相聚。母親並不知道兒子已婚，而且有另一棟屬於他自己、一週住上六天的房子。他玩這場遊戲，就是因為娶了非猶太裔女子，害怕東窗事發，而感到內疚。雖然他已經是成人，在專業領域又極為成功，卻仍然受母親控制。他每天都要從辦公室打電話與母親聊天，並且一直讓母親以為他還是單身。

與父母、家庭有關的內疚，是控制個性叛逆的人最常見的策略。讓兒女因血緣而感到內疚（因為過去的事件而在當下停滯不前），有許多說詞與技巧，上述例子只是其中一小部分。

2.與情人和配偶相關的內疚

「如果你愛我」這種內疚，是操縱情人的一種方法。當一方因某種特定的行為要懲罰對方時，這種方法特別有效。就好像愛情是以正確的行為作條件一樣，每次對方沒有達到標準，就利用內疚讓對方重回懷抱，對方一定會因為不愛另一方而感到內疚。

怨恨、陷入沈默、受傷害的表情，都是造成對方內疚的有用方法。「我不跟你講話，就是懲罰你」或是「不要靠近我，你做了那些事，還指望我愛你？」這是在一方有偏差行為時常用的策略。

一件事往往過了多年，又舊事重提，想要讓對方現在為過去的事內疚。「別忘了你在一九九一年幹的好事」或是「你以前讓我失望透頂，我怎能再相信你？」一方利用這種方式，就可以利用往事來操縱另一半的現在，如果另一半忘了這件事，他就定期提出來，讓對方為以往的所作所為一直有罪惡感。

要使愛侶遵守另一方的要求和行為標準，內疚是很有用的辦法。「如果你負責任，就應該打電話告訴我」，或是「這是我第三次倒垃圾了，我想你是拒絕做你份內的工作。」這樣做的目的為何？是要讓一方去做對方想要他／她做的事。方法是什麼？讓他／她內疚。

3. 孩子製造的內疚

內疚是雙向道，父母創造的內疚遊戲可以反轉過來，孩子同樣也可以用它來操縱父母。

只要孩子了解，父母無力處理他的不快樂，而且對於沒能盡到本分感到內疚，孩子就會時常用這種方法操縱父母。如在超級市場裡發脾氣，也許可以得到自己想要的糖果。「莎莉的爸爸都會讓她買」，因此莎莉的爸爸是好爸爸，而你不是。「你根本不愛我，不然就不會這樣對我。」最後總結：「我一定是領養的，我的親生父母不會這樣對我。」所有這些話都傳達相同的訊息：你身為父親或母親，應該為這樣對待我（你的孩子）而內疚。

當然，孩子是觀察大人用「製造罪惡感」來得到自己想要的東西，才學會這種行為。內疚並非自然的行為，而是學習得來的情緒反應，只有當顯示自己的脆弱時，才能達到引起對方內疚感的目的。孩子知道你何時最容易感動，如果他們為了得到他們想要的東西，不斷提醒你做了什麼或沒做什麼，那麼他們就是在學習令人內疚的計謀。如果你的孩子會運用這些計謀，他們一定是從某些地方學來的，而且很可能是從你身上學來的。

4. 學校引發的內疚

老師是製造內疚的高手，而孩子最容易聽信別人，是最好的操縱對象。以下就是造成現在年輕人不快樂的一些內疚訊息：

- 「你媽媽真的會對你感到失望。」
- 「像你這樣聰明的孩子卻只得到丙等，你應該感到慚愧。」
- 「父母為你費盡心思，你怎麼能這樣傷害他們？你難道不知道他們有多希望你能讀哈佛大學？」
- 「你這次沒有考好，是因為你不念書，現在你得接受自已犯的錯。」

學校中常用內疚的方法，促使孩子學習某些東西或按照某些方式行事。記住，即使你已成年，你仍然是那些學校的產物。

5.與宗教相關的內疚

宗教也常被用來製造內疚，進而操縱人的行為。就此而言，你辜負的通常是上帝。在某些個案中傳達的訊息是，如果你有不良行為，將來就進不了天堂。

- 「如果你愛上帝，就不會那樣做。」

- 「除非你認罪懺悔，否則就無法進天堂。」
- 「你應該感到慚愧，因為你沒有每週上教堂；如果你真感到慚愧，也許就會得到饒恕。」
- 「你違背了上帝的訓誡，你應該感到羞愧。」

6. 其他製造內疚的來源

大多數監獄是根據內疚理論運作的，亦即，如果某個人久坐靜思自己有多麼壞，就會因為內疚而改邪歸正。逃漏稅、交通違規、違反民法等非暴力犯罪判決監禁，就是基於這種心態的範例。雖然有極高比例的囚犯出獄後再觸法網，但這項事實仍無法挑戰上述的內疚理論。

藉由讓犯人坐牢為自己的所作所為感到羞愧，這種政策的代價極為昂貴，而且毫無用處，因為它一點也不合邏輯。當然，這種不合邏輯的解釋是認為，罪惡感是我們文化裡的關鍵，也是犯罪司法制度的骨幹。這個制度沒有讓犯法者幫助社會或償還債務，而是透過製造內疚的監禁方式來改造犯法者，這種方式對任何人都沒有好處，更別提犯人了。

不管內疚有多強烈，都無法改變過去的行為，此外，監獄並不是學習如何選擇合法行為的地方，反而會激怒囚犯，使他們重蹈覆轍。（囚禁危險犯人以保護其他人，這項政策是另一回事，在此不討論。）

在美國社會，給小費是一種慣例，它反映的不是優良的服務，而是被服務者的內疚。高效率的服務生、計程車司機、侍者和其他服務人員早就得知，大多數人沒辦法處理因為行事方式不正確所產生的內疚，而且不管服務品質如何，都會按標準比例給予小費。因此，不論是公然的伸手、惡劣的評論，還是讓人感到羞愧的眼神，全都是用來製造內疚，以及隨之而來豐厚小費的。

亂丟紙屑、抽菸及其他不被接受的行為，可能令你感到內疚。也許你曾亂丟菸蒂或紙杯，陌生人投射過來的嚴厲眼神，讓你因為自己的行為草率而突然感到內疚。與其為已經做過的事內疚，何不乾脆下定決心，不要再有不符合社會規範的行為呢？

節食也是讓人充滿罪惡感的領域。節食者因為一時意志薄弱，多吃了餅乾，結果難過了一整天。如果你正努力減肥，但一度破了戒，你可以從中學習，努力讓當下的行為更加有效。感到內疚和自責只會浪費時間，因為如果這種感覺持續太久，你可能會再度貪嘴，把它當成你自己擺脫困境的不健康方式。

7.性表達的內疚

在我們的社會中，最能引發罪惡感的領域就是性。前面已經看到，父母如何因性行為或欲念讓孩子內疚。成人對於性事也同樣有罪惡感，人們總是偷偷地看色情片，這樣別人就不知道他們有多低俗。有人沒辦法承認自己喜歡口交，而且連想到這一點都會萌生罪惡感。

性幻想也是有效的內疚製造者。許多人對自己這種想法感到內疚，私底下或是接受治療時甚至會否認它們的存在。事實上，如果要在人體裡找出一個內疚中心，我會把它標示在褲檔。

許多文化影響力會聯合起來讓你選擇內疚，以上只是簡短列出其中幾種。現在讓我們來看看內疚感的心理效益。記住，無論效益是什麼，都一定對自己有害，下次你選擇內疚，而非選擇自由時，要記得這點。

選擇內疚的心理效益

你選擇將自己的當下耗在為自己過去所做或未做的事感到內疚，最基本的原因如下：

• 把當下耗在為已經發生的事內疚，就不必把當下用在任何有效的自我提升上。這道理很簡單，就如同許多對自己有害的行為一樣，內疚是一種逃避手法，讓你不用在當下為自己採取行動，如此一來，你就把造成你現狀的責任轉移到你過去的情況上。

• 把責任推給過去，不僅可以逃避現在「改變自己」的艱鉅工作，還可以逃避隨著改變而來的風險。對過去內疚而使自己停滯不前，要比現在踏上冒險的成長之路容易。

• 一般認為，如果你對自己的錯誤行為深感內疚，最後可以免除罪責。這種獲得寬恕的效益，是上述設立監獄的心態基礎，犯人藉著長時間內疚，為所犯的罪付出代價。犯人所犯的罪愈重，得到寬恕所需要的悔改時間就愈長。

• 內疚可以做為重獲孩童時期安全的方法，那是一段別人為你做決定並照顧你的安全時期，你不用在當下主宰自己，而是依賴他人賦予你的價值。同樣地，這樣做的效益是受到保護，不必控管自己的生活。

• 內疚可以有效地把行為的責任從自己身上轉移到別人身上。你可以很容易對自己被操縱而生氣，並且把內疚的焦點從自己身上轉到那些惡人身上，那些人極為有力，想讓你覺得如何，你就會覺得如何，包括罪惡感在內。

・通常內疚可以贏得別人的認可，即使那些人不認可你的行為，但你只要為那種行為感到內疚，就能獲得別人認可。你或許做了一件越軌的事，但是透過內疚，你可以表現出你知道該怎麼做才對，而且正嘗試去適應。

・內疚是贏得別人憐憫的絕佳方式。想要別人憐憫的渴望清楚顯示了你自信心不足。在這種情形下，你寧可要別人同情你，而不願他們喜歡和尊重你。

以上就是你耽溺於內疚時，最惡名昭彰的內疚效益。內疚就像自我否定的情緒，是一種選擇，你可以練習控制它。如果你不喜歡它，而且寧可揚棄它以使自己完全不內疚，以下是將你的內疚徹底清除的一些初步策略。

排除內疚的策略

・開始把過去視為絕對無法改變的事。不管你對事情的感覺如何，都已經過去了！再怎麼內疚，都不能改變過去。要記住這句話：「我的內疚感不能改變過去，也不能使我變成更好的人。」這種想法可以幫助你利用內疚感，從過去學得教訓。

- 問自己，對過去內疚，是當下在逃避什麼？回頭處理你要逃避的事，就不會覺得有必要內疚。

我的某個病患有一段時間外遇，他的例子正可以說明上述這種排除愧疚的情況。這名男子承認對外遇一事感到內疚，但每週仍然背著妻子去偷歡。我對他指明，他常常說的內疚，是無謂的情緒，既不能改善他的婚姻，甚至還妨礙他偷情的樂趣。他有兩個選擇，一是承認自己把當下浪費在內疚上，因為比起檢視婚姻並努力改善婚姻與自己，內疚要容易得多。

或者，他可以學習接受自己的行為，他可以承認自己允許婚外情，並了解自己的價值體系包含這種受許多人譴責的行為。無論選擇其中哪一種做法，他都應該選擇排除內疚，看是要改變自己，還是要接受自己。

- 開始接受你自己的某些事，也就是你自己已經選擇、但別人可能不喜歡的事。因此，如果父母、上司、鄰居、甚至配偶對你的某些行為採取反對立場，你可以視之為理所當然。記住第三章關於尋求認可的部分，你一定要先認可自己，別人的認可固然令人愉快，但卻不是重點。一旦不再需要取得認可，你對於無法贏得認可的行為，也就不會感到內疚了。

・寫**內疚日記**，記錄內疚的情形，確切指出時間、原因、對方是誰，以及當你在為過去感到歉疚時，當下在逃避什麼？這份日記應該能對你特定的「內疚地帶」提供一些有益的見解。

・重新思考你的價值體系。哪些價值是你相信的？哪些是你假裝接受的？列出這一切虛假的價值觀，下決心遵守自己決定的道德規範，而非別人強加的規範。

・擬一張清單，列出你做過的一切壞事。按照一到十級，為每一件壞事打下內疚分數，然後將分數加總，看看這對當下是不是會造成任何差別。無論它是一百或是一百萬分，當下仍然是一樣的，你所有的內疚只是白忙一場。

・評估你行為的真正結果。不要追尋神祕的感覺來決定生活中的是與非，而是該以行為的結果是否使你快樂、是否對你有益，來決定對與錯。

・告訴那些在你生活中企圖用內疚操縱你的人：你完全可以處理他們對你的失望。因此，如果媽媽以「你沒有做這件事」或「我自己去拿椅子，你儘管坐在那裡好了」之類的話來激起你的內疚時，你可以學學新的回答方式，像是「好吧，媽，如果你為了幾張椅子，寧可冒著弄傷背的風險，也不願等個幾分鐘，我想我也沒什麼辦法勸阻你。」這需要花一點時間，一旦他們發現不能強迫你選擇內疚，他們就會開始改變自己的行為。如果你能排除內疚，就能將別人控制及操縱你的可能性永遠排除。

・做某些你知道一定會引發內疚的事。當你入住一家飯店，你只帶一件自己絕對提得動的小行李，所以就向服務人員表示要自己提。如果服務人員堅持，就直接告訴他，他是在浪費時間和精力，因為你不會為不需要的服務而給小費。另外，如果你一直想一個人獨處，那就花一週這麼做，不管家人提出會引發你內疚的抗議。環境中有太多會促使你選擇內疚的因素，這些行為可以幫助你處理無所不在的內疚。

・以下這段對話，是由我自己帶領的一個諮商團體所做的角色扮演練習：一位年輕女孩（二十三歲）對媽媽（由另一組的成員扮演）說，她想搬出去住。這位母親用盡各種可能引發女兒內疚的回應，想阻止她搬出去。以下對話是長達一小時教戰的最終成果，它讓女兒知道，要如何以策略勝過母親用來製造內疚的各種說法。

女兒：媽媽，我要搬出去住了。

母親：如果你搬出去，你知道我會心臟病發。你知道我的心臟有問題，也知道我有多需要你在用藥和其他方面幫幫我。

女兒：你是在擔心自己的健康，而且覺得沒有我就做不了事。

母親：當然哪！你想想，這些年來我一直對你這麼好，現在你說走就走，留下我在這裡等死。如果你想到自己媽媽時，就只有這些話，那你儘管走好了。

女兒：你認為，因為我小時候你幫助過我，我就應該一直住在家裡陪你、不能獨立、不能自己做主，用這種方式來報答你。

母親：（揪住自己的胸口）我現在心跳好快，我想我快要死了。你是在謀害我，這就是你正在做的事。

女兒：在你離開之前，還有什麼話要對我說嗎？

在這段對話中，女兒拒絕向母親製造的各種明顯內疚屈服。這個女兒過去就好像個奴隸，不論任何時候，只要她嘗試獨立，一定會面臨一段製造內疚的對話。母親會用盡方法，確保女兒依賴她、受她控制，女兒必須學會新的回應方式，否則會一輩子都做媽媽和自己內疚的奴隸。仔細注意女兒的回應，這些回應的開頭，全都提到母親應該為她自己的感覺負責。說「你覺得」而不是「我覺得」，這樣就能巧妙地將引發內疚的可能性降到最低。

在我們的文化中，內疚是一種便於操縱別人的工具，而且完全就是浪費時間。至於事情的另一面，也就是憂慮，它的特徵就和內疚一樣，但焦點只著重在未來，以及未來「可能」發生的所有「可怕」之事。

細看憂慮

沒什麼好憂慮的！絕對沒有。從現在開始，你可以把餘生全用在憂慮未來，而這種憂慮將改變不了任何事。記住，憂慮的定義是：因為未來將發生或不會發生的事，你會在當下停滯不前。必須謹慎的是，不要把憂慮和計畫未來混為一談。如果你正在規畫未來，那麼現在的活動將促成更美好的明天，這並不是憂慮。只有當你為未來將會發生的事而在當下停滯不前時，才算是憂慮。

我們的社會助長內疚，也鼓勵憂慮。同樣地，這一切始於將憂慮視為關心。如果你很關心某人，聽到什麼消息，就一定會為這人憂慮。因此，你會聽到諸如以下的句子：「我當然擔心啊，你關心某個人的時候，很自然就會擔憂。」或是，「我沒辦法不擔心，因為我愛你。」所以，你就在正確的時候，以適度的憂慮來證明你的愛。

憂慮是我們文化中特有的部分，幾乎每個人都過度將現在耗費在憂慮未來上，而且這全都無濟於事。憂慮一點也不能使事情變得更好。事實上，憂慮很可能讓你更難有效處理當下。此外，憂慮與愛無關，愛是一種關係，在這種關係中，每個人都有權成為他選擇的樣子，而無需他人加諸任何必要條件。

想像你自己活在一八六〇年，也就是南北戰爭剛展開時，全美國因為戰爭而動員，當時美國人口大約是三千兩百萬。這三千兩百萬人各自都有幾百件事情要擔憂，而他們都將許多當下的時間花在擔憂未來。他們憂慮戰爭、食物的價格、徵兵、經濟，就和你現在擔憂的事情一樣。到了一九七五年，也就是大約一一五年之後，所有這些憂心者全都已過世，他們所有的憂慮絲毫沒有改變如今已成歷史的任何一刻。你自己的憂慮也是如此。如果地球上住的是一批全新的人，你的憂慮會造成任何影響嗎？不會。此外，你的憂慮曾經對你擔心的事情造成影響嗎？答案一樣是不會。這就是你必須收拾整理的誤區，因為你把那些寶貴的當下，浪費在這些絕不能為你帶來正面效益的行為上。

你的憂慮大多是關於你無法控制的事。你可以盡情憂慮戰爭、經濟、潛在的疾病，但是憂處並不能帶來和平、繁榮或健康。你只是一個人，沒有辦法控制所有這些事。此外，你憂慮的災難實際上往往不像想像中的那麼可怕。

我曾對四十七歲的病患哈洛德進行數個月的心理治療。他擔心被裁員，怕自己無法養家活口，他是個有強迫傾向的憂慮者。他開始消瘦、失眠、常常生病。在進行心理諮商時，我們談到憂慮沒有任何效益，並談到他可以如何選擇感到滿足。但是哈洛德是個道道地地的杞人憂天者，他覺得他有責任擔心每天可能發生的災難。到最後，在擔心幾個月後，他真的接到解雇通知，這是他一生當中首次失業。不過在三天內，他找到另一份工作，薪水更高，並帶來更大的滿足。他利用自己的強迫傾向來找新工作，行動迅速積極，他一切的憂慮都是不必要的。他的家人沒有挨餓，自己也沒有崩潰。就像腦海中大部分令人憂慮的悲慘景象一樣，最終的結果是福不是禍。哈洛德直接學到了憂慮無用，後來在生活中開始採取不憂慮的立場。

《紐約客》（*The New Yorker*）雜誌有一篇談論憂慮的機智文章〈尋找破舊的襯裡〉（Look for the Rusty Lining），作者雷夫．熊斯坦（Ralph Schoenstein）是這麼嘲諷憂慮：

好一張清單！有的項目舊，有的項目新，有的項目很廣泛，有的項目卻很瑣碎，因為有創意的憂慮者必須不斷混合平淡的與古老的。如果太陽燒盡，大都會隊（Mets）可以整個球季都在夜間比賽嗎？如果低溫冷凍的人終於甦醒，他們需要重新登記才能投票嗎？另外，如果我們沒有了小腳趾，國家美式足球聯盟（National Football League）的射門得分次數會降低嗎？

你可能是屬於習慣憂慮的那類人，由於你選擇擔憂每一種可能想到的事，因而在生活中製造不必要的緊張與焦慮。或者，你可能屬於比較不會憂慮的人，只關心自己個人的問題。「你憂慮什麼？」下面這張清單代表了對這個問題最普遍的反應。

文化中的典型憂慮行為

我在某天晚上的一場演講中，向大約兩百位成人收集到以下資料。我稱之為「你的憂慮清單」，你可以為自己打「憂慮分數」，就像前述的「內疚分數」一樣。下列清單並非按照任何特定頻率或重要性排列，引號內的說明代表了自己為這種擔憂辯解的各種說詞。

你的憂慮清單

我擔憂……

1. 我的孩子：「每個人都擔憂自己的孩子，如果不擔憂，就不是好父母，現在我是好父母嗎？」
2. 我的健康：「如果你不擔心自己的健康，就隨時會死！」
3. 死：「沒有人想死。每個人都怕死。」
4. 我的工作：「如果不擔憂，就可能失去工作。」
5. 經濟：「有人應該擔憂經濟，美國總統好像不在乎。」
6. 心臟病發作：「每個人都怕，不是嗎？」「你的心臟可能隨時會停擺。」
7. 安全：「如果你不擔心安全，哪天就會發現自己住在收容所，或是靠救濟金過活。」
8. 丈夫／妻子的快樂：「天曉得我花了多少時間擔心他／她是否快樂，但他／她仍然不領情。」
9. 我是否做對了事情：「我老是擔心自己是否做對事情，那樣我才知道自己沒問題。」

10. 如果懷孕，是否會生下健康的孩子：「每個準媽媽都擔心這一點。」
11. 物價：「有人應該要擔心物價，免得物價在不知不覺間飛漲。」
12. 意外事件：「我總是擔心另一半或孩子發生意外。這是很自然的，不是嗎？」
13. 別人會怎麼想？：「我擔心我的朋友不喜歡我。」
14. 我的體重：「沒有人想變肥，所以我自然會擔心減掉的體重又回來。」
15. 錢：「錢似乎從來都不夠用，我擔心有一天我們會破產，得靠救濟金度日。」
16. 我的汽車故障：「這是一部老爺車，我還把它開到高速公路，所以我當然擔心如果車子真的拋錨怎麼辦？」
17. 我的帳單：「每個人都擔心怎麼付帳單。如果你不擔心帳單，就不正常了。」
18. 我父母親不久於人世：「我不知道，如果他們去世，我要怎麼辦？這使我非常憂慮。我擔心孑然一身，我想我沒辦法面對這種情況。」
19. 進天堂，或者如果根本沒有上帝：「我不能忍受『虛無』的想法。」
20. 天氣：「我計畫進行野餐之類的活動，但搞不好會下雨。我擔心不下雪，沒辦法滑雪。」
21. 年事漸高：「沒有人喜歡變老，你騙不了我，每個人都會擔憂這件事。」「我不知道退休後要做什麼，我真擔心這點。」

22. 搭飛機：「你聽說過那些飛機失事的事。」

23. 我女兒的貞潔：「每一個愛女兒的父親都擔心女兒會不會受到傷害，或是陷入麻煩。」

24. 在人群面前說話：「在人群面前，我會嚇呆，還沒說話就擔心得快發瘋。」

25. 另一半沒有打電話給我：「對我來說，為不知道所愛的人在何處或者是否碰到麻煩而擔心，是很正常的。」

26. 進城：「誰知道在都市叢林中會發生什麼事。我每次進城都會擔心。」「我總是擔心不能找到停車位。」

最神經質的可能就是……

27. 沒有什麼事可以擔心：「當一切似乎都沒問題時，我還是坐立不安，擔心接下來究竟會發生什麼事。」

這是我們文化中，人們的集體憂慮清單。你可以在適用於你的項目下面打下憂慮分數，但無論相加後的總分高低，結果仍然等於零。以下這段引文描繪出我們這個世界有多麼會憂慮，來源是《新聞日報》（*Newsday*）一九七五年五月三日一則有關醫療疏失保險的故事：

> 在西艾斯利普的納蘇—薩佛克醫院（Nassau-Suffolk Hospital Council），理事會的兩位主管昨天警告說，有些人擔心醫療疏失保險危機可能造成的問題，醫師可能完全停止醫療病患，或只有在緊急時刻才加以治療，這些人顯然憂慮得還不夠。

的確，這則報導要人們花更多時間憂慮這項問題。這樣的報導怎麼可能會出現？因為文明的壓力就是要人憂慮，而不是動手做事：如果所有關切這項問題的人多擔憂一些，也許問題就會消失。

想要排除憂慮，一定要先了解憂慮背後的原因。如果你生活中的大部分時間都在憂慮，這些憂慮一定有很多前因，但這樣能帶來什麼好處？它們與你因內疚獲得的神經質獎勵類似，因為兩者都是自貶的行為，唯一的差異在時間上：內疚的焦點在過去，憂慮的焦點在未來。

選擇憂慮的心理效益

・憂慮是當下的活動，因此，若你為了未來的生活而使現在的生活停滯不前，就能夠逃避現在，也逃避現在任何威脅到你的事物。例如一九七四年的夏天，我在土耳其卡拉瑪賽爾市（Karamursel）教書，同時撰寫一本關於諮商的書，我七歲的女兒崔西・琳和她母親留在美國。雖然我熱愛寫作，但也發現寫作是極為孤獨和困難的差事，需要高度的自律。我坐在打字機前，擺妥打字稿，邊界也設定好了，突然間，我的思緒會回到小女兒那裡。如果她騎腳踏車到街上沒有注意往來車輛怎麼辦？我希望她在游泳池玩水時有人顧好她，因為她老是漫不經心。不知不覺一個小時就過去了，我把時間全花在憂慮上，當然，這一切都是徒勞。但這真的一點用都沒有嗎？只要我可以把當下的時間用在憂慮上，就不必和寫作的艱難奮戰。這確實是一大效益。

・你把憂慮當作停滯不前的理由，就可以避免冒險。如果你的內心充滿了當下的憂慮，你怎麼可能採取行動？「我什麼都做不了，我太憂慮——這件事了」。這是常聽到的悲嘆，它的效益是，可以讓你停滯不前，避免行動的風險。

・你可以藉憂慮之名，標榜自己是充滿關懷的人。憂慮證明你是好父母、好配偶，或其他角色。這是一個相當可觀的效益，雖然它欠缺合乎邏輯的健康思想。

・憂慮是某種自我挫敗行為的方便藉口。如果你體重超重，你憂慮時一定吃更多，因此你有很好的理由堅持憂慮行為。同樣地，你發現自己在憂慮時抽比較多菸，就可以用憂慮來逃避戒菸。同樣的神經質獎勵體系也適用於婚姻、金錢、健康等領域。憂慮幫助你避免改變。擔心胸痛，比起冒險找出真相，然後又得馬上處理自己的問題要容易得多。

・憂慮讓你逃避活動。憂慮的人整天坐著想東想西，而行動的人必須起而行。憂慮是可以讓人坐著不動的聰明方法。顯然，坐著憂慮不一定會比起身行動有效益，但一定比較容易。

・憂慮可能引起胃潰瘍、高血壓、抽筋、緊張性頭痛、背痛等，雖然這些病痛似乎不能算是效益，但確實可以引起別人高度注意，而且成為更加自憐的合理藉口，有些人寧可被同情，而不願意做事。

了解憂慮的心理支持體系後，就可以開始設計某些行動策略，以擺脫在這個誤區滋生、且令人困擾的憂慮小蟲。

消除憂慮的策略

• 開始將你的當下視為生活的時刻，不要一心只想著未來。當你注意到自己陷入憂慮時，不妨自問：「我把當下耗在憂慮上，到底是在逃避什麼？」然後開始攻擊你逃避的任何事物。憂慮最好的解藥就是行動。我有一位以前常常憂慮的病患告訴我，他最近戰勝了憂慮。他到一個度假勝地度假，某天下午跑去泡三溫暖。在那兒，他遇到一個連度假時都在憂慮的男子，那個人詳細說出我病患通常會憂慮的許多事。他提到股市，但又說不必擔心短期波動，六個月內股市會大跌，那才是該憂慮的時候。我的病人確定了自己該擔憂什麼事之後，就離開了。他打了一小時網球，跟幾個小孩玩了一場美式足球遊戲，又與太太盡興地打了一場乒乓球。大約三小時後，他回來沖澡兼泡三溫暖，而他的新朋友還在那裡繼續憂慮，並又開始列出更多要擔心的事。在同一段時間，我的病患充分運用自己的當下，快樂度過，而另一人卻把時間全耗在憂慮上。他們兩人的行為對股市都沒有影響。

• 承認憂慮的荒謬。反覆自問：「究竟有沒有事情會因為我的擔憂而改變？」

• 讓自己的「憂慮時間」愈來愈短。訂定每天上午和下午各十分鐘作為你的憂慮時間。用這些時間來煩惱每一種你所能想到的災難，然後用個人能力控制自己的思想，將任何進一步的憂慮，延到下一次的指定「憂慮時間」。你很快就會發現，把時間耗在這種事情上有多麼愚蠢，最後就能徹底排除你的憂慮。

・把昨天、上週、甚至去年所憂慮的一切事情，列一張憂慮清單，看看你的任何憂慮是否對你有益，同時評估你憂慮的事有多少成真。你會很快發現，憂慮實際上是雙重浪費的事。它根本無法改變未來，而你預期的災難真的發生時，結果往往沒有那麼嚴重，或甚至是福不是禍。

・儘管去憂慮！當你又想開始憂慮時，看看自己是否能證明你在憂慮。你可以停下來，然後跟某人說：「看著我——我要開始憂慮了。」他們會很困惑，因為你可能甚至不知道要如何證明你這麼常做，而且做得這麼好的這件事（憂慮）。

・問自己：「我（或他們）可能遇到的最糟事情是什麼？發生的可能性如何？」你將發現憂慮是多麼荒謬。

・刻意選擇與平常的憂慮範圍直接衝突的行為。如果你為了未來而強迫自己儲蓄，總是擔心明天的錢夠不夠用，那就現在馬上開始用錢。就像那位有錢叔叔一樣，他在遺囑中寫下：「我神智清楚，會在有生之年用盡所有積蓄。」

‧開始用有效益的思想和行為面對你的恐懼。我的一位朋友最近在康乃狄克州海岸外的小島上度假一週，她很喜歡走遠路散步，但不久就發現，島上有很多被放任四處亂竄的狗。她決定對抗自己的恐懼和憂慮：這些狗可能咬她，或甚至「撕裂她的手腳」，造成最終的大災難。她散步時，在手上拿塊石頭（為保險起見備用），決定在狗群靠近時，表現出毫不害怕的樣子，當狗群狂吠並衝向她時，她甚至拒絕放慢腳步。狗群向前衝時，若碰到不後退的人，就會放棄攻擊並且跑開。雖然我不主張做出危險行為，但我確實相信，對恐懼或憂慮展開有效的挑戰，是從生活中根除恐懼或憂慮的最有效方法。

以上是排除生活中憂慮的一些技巧，但排除憂慮的最有效武器，是你自己的決心：把這種神經質的行為從生活中排除的決心。

有關憂慮和內疚的結語

當下是了解你內疚和憂慮行為的關鍵，學習活在當下，不要把當下浪費在有關過去和將來的停滯性想法中。除了現在，沒有其他時刻可供生活，你一切徒勞無益的內疚與憂慮，都是用來逃避現在。

路易斯．卡羅（Lewis Carroll）在《愛麗絲鏡中奇緣》（*Alice Through the Looking Glass*）一書中談到「活在當下」：

「一般的規則是，明天有一大堆事，昨天有一大堆事……但從來沒有今天有一大堆事的。

愛麗絲反駁說：「一定有時也會是『今天有一大堆事』。」

你的情形如何？今天有一大堆事嗎？既然這種情況必然會發生，那何不從現在開始？

第6章 探索未知領域

只有欠缺安全感的人才會努力爭取安全。

你可能是安全專家，會避開未知領域，知道自己的方向，以及到達目的地時可能會遇到的情況。在我們的社會中，人早年的訓練往往是鼓勵謹慎而犧牲好奇心，鼓勵安全而犧牲冒險精神；避開有疑問的事，停留在已知的領域，並且絕不進入未知領域。這些年幼時接收到的訊息，可能變成一種心理障礙，在許多方面阻礙了自我實現和當下的快樂。

愛因斯坦（Albert Einstein）一生致力於探索未知領域，他在一九三〇年十月號的《論壇》（*Forum*）雜誌發表一篇名為〈我的信念〉（What I Believe）的文章，其中提到：

我們所能經歷的最美事物就是神秘，它是一切藝術與科學的真正來源。

他可能也說過，它也是一切成長與興奮的來源。

但是太多人把未知與危險畫上等號。他們認為，生活的目的，就是處理確定的事情，並且總是知道自己的方向，只有魯莽的人才會冒險探索生活中未知的領域，當他們這麼做時，結果一定會令人驚訝、受到傷害，最糟糕的是猝不及防。你當童子軍的時候，上頭告誡你凡事要**預作準備**。但是你要如何才能為未知的事準備？顯然，你辦不到！因此，避開它，你就不會搞得灰頭土臉。力求安全，不要冒險，照地圖上的路線走——即使它很沈悶無趣。

也許你開始漸漸厭倦這確定的一切，每一天還沒有來到，就已知道那天要怎麼過。如果你在問題尚未提出之前就已經知道答案，你就不能成長。或許，當你隨心所欲地生活，並愉快地期待神祕事物，才是令你記憶最深刻的時候。

我們一生所接受到的文化訊息都要我們做有把握的事，從家庭開始，並被教育工作者強化。孩子就從這裡學會避免實驗，又被鼓勵避開未知事物：「不要迷失了。」「找出正確答案。」「保持你自己的樣子。」如果你仍然堅持這種戒慎以求安全的態度，現在就是予以擺脫的時候。拋開自認為無法嘗試新奇和不確定行為的想法，你選擇怎樣做，就能做到。一開始要先了解讓你逃避新經驗的制約反應。

接納新經驗

如果你完全相信自己，就沒有什麼事是你不能做的。只要你決定冒險進入自己沒有把握的領域，就可以享受各式各樣的經驗。想想那些被視為天才、而且一生中成就非凡的人，他們並非只擅長一件事，也不逃避未知的事。富蘭克林、貝多芬、達文西、耶穌、愛因斯坦、伽利略、羅素、蕭伯納、邱吉爾，這些人和許多類似他們的人，都是探索未知新領域的先驅、冒險家。他們像你我一樣都是人，唯一不同的是，他們願意踏入別人不敢進入的領域。另一位通才史懷哲曾說：「人類的所作所為，我都不陌生。」你可以用新的眼光來看自己，接受那些你以為自己沒有潛力的經驗，又或者，你可以用同樣的方法做同樣的事，直到進棺材為止。事實上，偉人讓你想到的就是這一點，他們的偉大可以從他們探索的性質和探索未知領域的勇氣看出來。

讓自己接受新經驗，就意味著放棄以下的觀念：容忍熟悉的事物比致力改變它更重要，因為改變充滿不確定性。也許你認為自己很脆弱，如果進入陌生的領域，很容易就會潰敗。這是一種迷思。你是中流砥柱，遇到新鮮事物並不會崩潰或瓦解。事實上，如果排除生活中某些一成不變的常規，心理崩潰的機率也隨之大減。厭倦會讓人身心都不健康，一旦覺得人生乏味，就可能崩潰。如果在生活中增添少許不確定性，你就不會選擇那種神話式的神經質崩潰。

你可能也存有「如果事情不尋常，我一定會站遠一點」的心態，這個想法會抑制你接納新的經驗。因此，如果你看到用手語溝通的聾人，你會好奇地看著他們，但絕不會試著想辦法與他們交談。同樣地，當你碰到說外語的人，你不會努力嘗試與對方溝通，反之你很可能只是走開，避開用非母語溝通的廣大未知領域。有無數的活動與人物被視為禁忌，只因為他們很陌生。所以同性戀者、第三性、身心障礙者、天體運動者等，都屬於這一類。你不太確定該如何應對，因而完全避開這些事。

你可能也認為，必須先有理由才能做某件事，否則做這件事有何意義？胡說！你可以做任何你想做的事，只因為你想做，不需要其他理由。做每件事都要找理由，這種想法會阻止你接觸新鮮和令人興奮的經驗。你小時候可以玩萬花筒玩一小時，沒有其他理由，就只因為你喜歡。或者，你可以爬山，或是在森林中探險，為什麼？因為你想去。但是長大成人後，你就必須為每件事找個好理由。這種熱中找理由的心態，阻礙了你開放自我與成長。一旦了解自己再也不必向任何人（包括你自己）提供理由，那是何等的自由。

思想家愛默生（Ralph Waldo Emerson）在一八三四年四月十一日的日誌中記下他的觀察：

> 四條蛇在洞穴裡上下滑行，我看牠們這麼做毫無目的。不是為了吃，也不是為了求愛……只是要滑行。

你可以做任何想做的事，只因為你想做，別無其他理由。這種想法將會開啟新的經驗遠景，並協助排除你對未知的恐懼，不用再將害怕未知當作一種生活方式。

僵化刻板vs.自主自發

讓我們仔細檢視你的自發性。你能接受新事物，還是一成不變地固守已經習慣的行為？自發性意味著在萌生想法的當下就去嘗試任何事，只因為那是一件你喜歡的事，甚至是一件你不樂做、但樂於嘗試的事。可能你會被指責為不負責或不謹慎，但你已擁有了發掘「未知」這樣一段奇妙的時間，別人的評斷又有什麼關係？許多位居要津的人發現，要做到自主自發很困難，他們以僵化的方式生活，忘記了盲從的荒謬。美國民主黨和共和黨的黨員會各自支持黨內高層領導人的聲明，並投票支持黨的路線；有自發性、誠實發言的內閣官員往往官位不保。在上位者會阻礙獨立思考，並針對成員的思考和發言方式訂定一套準則。唯唯諾諾的人不是自主自發的人，他們非常害怕未知的事，總是配合現狀，照別人的意思去做，從不主動挑戰，而是僵化地遵循別人的期望去做。哪些描述符合你的狀況？你能做你自己的主人嗎？你能自動自發地走上不一定通往確定結果的道路嗎？

僵化的人絕不會成長，他們往往按照自己一直以來的方式做事。我有位同事教一班專為老師開設的研究課程，這些老師從事教職至少三十年，我同事常常問這班老資格的人：「你們是真的教了三十年書，還是教了一年的三十倍呢？」你呢？親愛的讀者，你是真正活了至少一萬天，還是活了一天的至少一萬倍呢？當你努力邁向更自主的生活時，這是個值得自問的好問題。

偏見與僵化

僵化是一切偏見的基礎。偏見意指**先入為主**的判斷，判斷標準中少數是基於憎恨或不喜歡某人、某些想法或某些活動，多數是基於固守已知事物比較容易、安全，也就是那些和你類似的人。偏見似乎對你有利，能使你持續遠離充滿未知且可能造成麻煩的人、事和觀念。事實上，偏見會阻止你探索未知領域，對你不利。能夠自主自發，就意味著能排除先入為主的判斷，並讓自己面對和因應新人與新觀念。先入為主的判斷本身是一種安全閥，可用來避開含糊或令人疑惑的領域，但也阻礙了成長。如果你不能信任任何人，就不能抓到箇中要領；它事實上意味著，你在不熟悉的領域裡無法信任自己。

「凡事訂計畫」的陷阱

世上沒有「預先計畫好的自發性」這回事，計畫和自發性是互相牴觸的。我們都知道，根據路線圖和清單過日子的人，他們的生活與預先訂好的計畫不能有絲毫差異。計畫不一定不健康，但是按計畫談戀愛就真的是不健康。你可能會先訂好一生計畫，在二十五、三十、四十、五十、七十這些歲數要做什麼，然後就只是按表操課，而不是每天做新的決定，堅信自己能改變計畫。千萬不要讓計畫變得比你還重要。

「安全」一詞，在這裡指的是外在的保證及所有物，比方說金錢、房子和汽車，也指保障，比方說工作或在社區中的地位。但還有一種不同的安全值得追求，那就是相信自己能處理任何情況的內在安全。內在安全是唯一永久和真正的安全。東西可能毀壞，經濟不景氣可能讓你損失慘重，你的房子可能易主，但是你可以是一塊自尊的岩石。你可以深信自己和自己的內在力量，而將其他人事物視為人生中一種令人愉快、但非必要的附屬品。

試試以下這個小練習。假設此時此刻，就在你看這本書的時候，突然有人攻擊你，把你剝個精光，強行帶上一架直升機。沒有預警、沒有錢，除了你自己之外，什麼也沒有。假設你被載往中國內陸，並被丟進一片田野裡，你會面對不同語言、不同習慣、不同氣候的環境，你擁有的只有自己。你會生存下去還是會崩潰？你能交朋友、找食物和住處，還是只能躺在那裡，抱怨自己倒大楣才會遇到這種劫數？如果你仰賴外在安全，你就難逃死劫，因為你擁有的一切東西都被拿走了。但如果你擁有內在安全，而且不怕未知領域，你就能倖存。因此，你可以將安全重新定義為：知道你可以處理任何事情，包括失去外在安全在內。不要被那種外在安全束縛，因為它會剝奪你生活、成長和實現自我的能力。看看那些沒有外在安全保障、對事情沒有全盤計畫的人，也許他們已是佼佼者，至少他們可以嘗試新事物，避免陷入「總是得停留在安全領域內」的陷阱。

在《你願意做我朋友嗎？》（*Will You Be My Friend?*）一書中，詹姆斯·卡凡諾（James Kavanaugh）以一首名為〈有朝一日〉（*Some Day*）的小詩，清楚地談到安全：

有朝一日我會離去，
自由自在，
離開那些貧乏之人，
離開他們安全但貧乏的領域。
我會離開，不帶落腳的地址，
走過貧瘠的荒野，
把世界拋在腦後。
無憂無慮地漫步，
就像卸下重負的阿特拉斯。[1]

以成就來保障安全

但只要你抱著必須有所成就的信念，卡凡諾所說的「離去」和「自由自在」就很難做到。在我們的社會中，對失敗的恐懼非常強大，從童年時期就被灌輸，而且通常會在一生中如影隨形。

不過，你聽到以下這句話，可能會很驚訝：失敗並不存在。失敗只是別人對某一項行動應該如何完成的意見。如果你認為沒有一項行動必須照別人指示的特定方式執行，那麼你就不可能失敗。

但也可能有些狀況是：你根據自己的標準，認為在某項特定的工作上失敗。此時的重點在於，你不把該行動與自我價值畫上等號。經過特別的努力而未成功，並不代表你這個人失敗，只是在那個特別的當下，那一項特別的嘗試未竟全功而已。

試想用失敗來描述某種動物的行為吧。如果有一隻狗吠了十五分鐘，某人說：「牠實在很不擅長吠叫，我給牠打七十分。」這話真可笑！動物是不可能失敗的，因為不會有人去評估自然行為。蜘蛛結網，沒有所謂成不成功；貓抓老鼠，如果試一次沒抓成，就會試著再追另一隻，而不會躺在那裡哀鳴，抱怨這一隻跑掉了，也不會因為失敗而精神崩潰。自然行為就是這麼簡單！所以，何不把這一套邏輯套用到你自己的行為上，讓自己擺脫失敗的恐懼。

在我們的文化中，成就的推動力來自最具自我破壞性的四個字，你已經聽過、用過它們數千次了：全力以赴！這句話便是罹患「成就焦慮症」者的基礎信念；不論做任何事，都要全力以赴。用中速騎腳踏車，或以一般的步伐在公園裡散步，有什麼不對？何不在日常生活中做些你單純想做的活動，而非做些要充分發揮個人能力的事？「全力以赴焦慮症」使你不去嘗試新活動，也無法享受舊活動。

有一次，我對十八歲的高三學生露安進行諮商。露安深受成就標準的影響，自從上學以來，她清一色都拿A，而且花很長時間在學校課業上，結果她根本沒有時間做她自己。露安確實就像一部充滿教科書知識的電腦，然而她對男生卻極為害羞，甚至從未跟男生牽過手，更遑論約會。她發展出一種神經性抽搐，每次我們談到她這方面的個性時，她就會發作。露安把所有的心思都放在成為有成就的學生上，卻拿她的整體發展當代價。在諮商進行時，我問露安，

——

譯注：阿特拉斯（Atlas）是希臘神話中，被宙斯降罪，以雙肩撐天的天神。

在她的生命中，有什麼是更重要的：「你知道些什麼，或你有什麼感覺？」儘管獲選為畢業生致謝詞代表，她內心仍然不平靜，而且確實很不快樂。她開始注重自己的感受，由於她是很好的學習者，她就將自己對課業的嚴格標準應用到新社會行為的學習上。一年後，露安的母親打了一通電話給我，說她很擔心，因為她女兒生平第一次在大一英語得了個C，我建議她應該為此大肆慶祝，帶露安外出用餐，好好慶賀這第一個C。

完美主義

為什麼你一定要把每件事做到十全十美？有誰替你打分數嗎？邱吉爾寫了一些關於完美主義的著名詩句，其中指出，不斷追求成功會如何令人停滯不前：

「凡事力求盡善盡美」這句格言或許就是由癱瘓拼起來的。

你可能會用「完美主義、全力以赴」這種廢話使你自己癱瘓。也許在你的生活中，你可以找到某些你真正想全力以赴的重要領域，但是在大多數的活動中，必須盡力做到最好或甚至做到十全十美的要求，反倒是一種行事的障礙。別讓完美主義使你採取觀望態度，避開可能會令你快樂的活動。試試看，把「全力以赴」改成單純的「做」。

完美意味著停滯不前。如果你對自己設下完美的標準，你就絕不會嘗試任何事，也不會做太多，因為完美並非適用於凡人的概念。上帝可能是完美的，但你是凡人，不需要把這種荒謬的標準套用到你與你的行為上。

如果你有孩子，別堅持要他們盡力做到最好，那會導致他們無力和憎恨。相反地，你應該跟他們談談他們最喜歡的事情，或許給予一些鼓勵，讓他們在那些領域下工夫。但是在其他活動上，實際動手做遠比成功重要。教他們在排球賽中打排球，而不是坐在一旁說：「我打得不好。」鼓勵他們滑雪、唱歌、畫畫、舞蹈或其他任何項目，因為他們想學；不要因為他們可能不擅長就避開某些項目。不應該教他們競爭心強、要一試再試，或甚至做到盡善盡美，而是應該試著在他們認為很重要的活動中，教他們自重、自豪和快樂。

大人很容易就會教孩子一項醜陋的訊息：把他的自我價值與成敗畫上等號。結果，孩子開始逃避自己不擅長的活動。甚至更危險的是，他可能習慣看低自己、尋求別人贊同、內疚，以及一切隨著自我排斥而來的誤區行為。

如果你將自己的價值與成敗連結在一起，你注定會感覺自己沒有價值。想想愛迪生吧，如果他在任何工作上都把成敗當作自尊的指標，那麼在首次試驗失敗後，他一定會放棄，並自認為是失敗者，不再為了照亮世界而努力。不過，有時失敗會有益處，它也可能成為工作與探索的誘因。如果失敗指出通往新發現的路徑，那麼甚至可把失敗視為另一種成功。如同環境經濟學家肯尼斯．波爾丁（Kenneth Boulding）所說的：

> 我最近修正了一些民間諺語。在我修改過的格言中，有一條是：沒有一件事比成功更失敗，因為你不能從成功裡頭學到任何教訓。只有失敗能讓我們學到教訓。成功僅僅證實了我們的迷信。

想想看，如果沒有經歷失敗，就不能學到什麼，但我們卻學會把成功視為唯一可接受的標準。我們往往逃避所有可能導致失敗的經驗，恐懼未知的大部分原因就是憂心失敗，只要沒有成功的把握，我們就會避開那些事。此外，害怕失敗也意味著害怕未知領域，以及害怕別人因為你沒有做到最好而不認可你。

文化中某些「害怕未知」的典型行為

我們已經討論過一些由害怕未知所產生的典型行為。抗拒新經驗、僵化、偏見、盲目按照計畫行事、需要外在安全、害怕失敗，以及完美主義，都屬於這個廣大的自我設限區域。以下清單列出這個類別裡最常見的例子，你可以用來作為評估自己行為的檢查清單。

• 一輩子都是吃那幾種食物。避吃異國、新式的口味，只接受比較傳統的口味，而且會提出諸如以下的說明：「我專吃肉和馬鈴薯」或「我點菜一向只點雞肉。」雖然每個人都有特定的喜好和偏愛，但避開未吃過的食物，只是一種僵化的行為。有些人從不吃墨西哥夾餅，或是從不進希臘或印度餐廳，只因為他們喜歡待在自己一向習慣的熟悉地方。其實離開熟悉的領域，可以開啟一個令人興奮的美食世界。

• 永遠穿相同款式的衣服。從不試著穿新款或不同樣式的服裝，標榜自己「保守穿著」或「不懂穿著」，從不改變服裝風格。

・總是看相同的報章雜誌，這些媒體日復一日支持同樣的社論立場，從不接受相反的觀點。最近有一項研究：請一位政治立場鮮明的讀者看一篇社論，這篇社論開頭的立場與他相同，但是到中間時，觀點就改變了。一架隱藏的攝影機顯示，這位讀者看到中間，目光就轉到那頁的其他部分。在這項實驗中，這位刻板的讀者對不同的觀點甚至不屑一顧。

・一輩子只看同類電影（雖然片名不同），拒絕看可能支持不同哲學或政治理念的電影，因為未知的事物令人不安，必須排除。

・一直住在相同的社區、城市或州，只因你父母和祖父母碰巧選擇住在那地方。害怕新環境，是因為人、氣候、政治、語言、風俗習慣等都不同。

・拒絕聽你不贊同的看法。毫不考慮發言者的觀點——你不說「嗯，我從未想到那點」——而是馬上認定他很瘋狂或是消息不靈通。這是拒絕溝通，進而避開不同或未知領域的方法。

・害怕嘗試新活動，因為你沒辦法做好。「我認為我不會做得很好，所以我只要看看就好了。」

・在學校或工作上，都力求好成績，分數比任何其他事情都重要。評核報告比做好工作的樂趣更要緊，用成績作為報酬來代替嘗試全新與未知的事物。選擇停留在安全的領域，因為

「我知道我可以得到A」，不願意冒著得到C的風險選修新學科。寧可選擇你知道一定會勝任的工作，而不願加入一項新競賽，甘冒失敗的風險。

・避開任何你認為異常的人，包括同性戀者、共產黨員、古怪偏執的人、西班牙裔美國人、黑人、南歐移民、白人盎格魯撒克遜新教徒、嬉皮、猶太人、黃種人，你對他們貼上帶有貶意的標籤，只是要防止自己對不熟悉的人事物產生恐懼。你沒有試著了解這些人，而是用誹謗性的綽號來稱呼和談論他們，而不是跟他們說話。

・一直做相同的工作，即使你不喜歡它。這並不是因為你必須做，而是對於新工作的廣大未知領域感到憂懼。

・維持顯然已有問題的婚姻，原因是對未知的單身生活感到害怕。你記不得結婚前的日子是什麼樣子，所以不知道再次單身後會變成什麼樣。最好停留在不愉快但熟悉的環境中，而不是漫無目的地走進可能很孤寂的新領域。

・每年度假都在同樣的季節、到同樣的地方，住同樣的旅館。在這種情況下，你知道可以預期什麼，你不必冒險換新地方，新地方可能會——也可能不會——帶來愉快的經驗。

・以「績效」而不以「享受工作」的態度作為行事的標準，亦即，你只做自己做得好的事，不做可能會失敗或表現不佳的事。

・用錢衡量事情。花費愈多就愈有價值，因此金錢也是個人成功的一項指標。已知的領域可用金錢衡量，未知的領域就不可能用錢來評估。

・爭取重要頭銜、高級轎車、名牌服飾，以及其他身分地位的象徵，即使你並不喜歡這些東西以及它們所代表的生活方式。

・當一項有趣的替代選擇出現時，無法改變原訂計畫。如果偏離腦海中原訂的地圖，你就會失去方向以及在生活中的定位。

・一心想著時間，讓時鐘操縱你的生活。根據時間表作息，讓你無法嘗試全新和未知的生活。總是戴著錶（即使是上床就寢），並受它控制。睡眠、吃飯、做愛都照時鐘進行，不顧饑餓、疲倦或欲望。

・排斥你從未嘗試的某些活動，其中可能包括一些「怪異」的事，例如，冥想、瑜伽、占星術、西洋雙陸棋、麻將、肌力均衡體操，或任何你不知道的事。

・對性愛缺乏想像力。總是用相同的姿勢做相同的事，從不嘗試新奇和怪異的方法，因為這樣就跟以往不同，可能不被對方接受。

・永遠藏在同一群朋友背後，從不擴大朋友圈，不與其他代表新奇和未知領域的人接觸。固定跟同一群人見面，並且一輩子跟隨他們。

・與配偶或約會對象參加宴會時，一整晚都跟此人在一起，原因並非想和他共處，而是覺得這樣才安全。

・退縮不前，因為害怕與陌生的人談論陌生的話題時，不知道會發生什麼事。你自忖：他們一定比較聰明、比較有才華、比較有技巧，或口齒更伶俐，用這些當作理由來逃避新的經驗。

・如果一切努力都不成功，就開始自責。

對於未知領域的恐懼，會產生不健全的行為，以上只是少數例子。你或許可以列出自己的清單，但何不改個方式，開始質問自己：為什麼你想要每天都過著跟前一天相同、不可能成長的日子呢？

讓你保持這些行為的心理支持系統

以下是阻止你進入未知領域的一些心理支持原因。

・保持原狀就不必隨機應變。如果有良好的計畫，只要參照腳本即可，不需要再費心思。

・閃避未知的領域，有它本身的內在效益。人們對於未知的恐懼相當強烈，只要停留在熟知的範圍內，就可以避免恐懼，不論你在成長與實現自我方面付出多少代價。避開未知領域是比較安全的。想想哥倫布（Columbus）的例子吧，當時每一個人都警告他，船會從地球邊緣掉下去。順著熟悉的路走，比冒險探索陌生的領域要容易得多。未知的事物是一種挑戰，而挑戰就可能具有威脅。

・你可以說，你延遲自我滿足（人們稱之為「成熟的行為」），停留在熟悉的狀態中，並以這種態度為你停滯不前的行為辯護。因此，延遲是「成熟」與「成人」的行為，但實際上，你停留在原處，並且避開未知的部分，只是因為恐慌和焦慮。

・你可能因為想把事情做好，讓自己覺得重要。你一向是個好男孩／女孩，但只要你以成敗來看事情，就會將自我價值和優異表現混為一談，並且感覺良好。從這個觀點來看，所謂表現優異只是別人的評語而已。

因應神秘與未知領域的一些策略

・即使受到誘惑而留在熟悉範圍內，你還是要選擇另一條路，努力嘗試新事物。例如，到餐館點一盤你從未吃過的新菜，為什麼？因為這道菜不同，而且你可能喜歡吃。

・邀請一群代表各種不同觀點的人到你家裡，嘗試未知事物。要與陌生人打交道，而不是老跟一群熟識者在一起，在那個小圈子裡，你可以預測可能會發生的每一件事。

・你做的每一件事不一定都要有理由。如果有人問你為什麼，記住，你用不著提出能令對方滿意的合理回答。你可以做任何你決定要做的事，只因為你想做。

・開始冒一些風險，使自己擺脫例行公事。也許來一次沒有事先規畫的假期，沒訂車票也沒有帶地圖，你只是相信自己能處理任何可能發生的事。參加新工作的面試，或是與你一直逃避的人談話，以前你躲開那人，是因為你害怕不知道會發生什麼事。或是走一條新路線上班，或在午夜吃晚餐。為什麼？只因它與以往不同，而且你想這麼做。

・盡情想像自己能擁有你想要的一切。你有足夠的錢，有兩個星期可以做你想做的一切事情，你將發現，幾乎你心裡所想的都可以得到，你不會想摘月亮或追求遙不可及的東西，你只是想要可以得到的東西，但前提是，你需要排除對未知的恐懼，並且追尋未知。

・冒個可能使自己發生重大變動的風險，這麼做對你可能大有好處。多年來，我的一位同事一直教他的學生與接受他心理諮商的人，要在生活中嘗試未知的事物。但在許多方面，他的建議言不由衷，因為他一直待在同一所大學教書、從事心理諮商，並維持舒適的生活型態。他聲稱任何人都可以處理新的和不同的狀況，但他自己卻繼續待在熟悉的環境中。一九七四年，他決定到歐洲住半年，因為他一直有這個打算。他在那邊的研究所開了兩門教育心理學的課，然後馬上了解到（透過經驗而非口頭方式），自己能夠處理任何不確定的事務。在德國待了三週後，因為他內心有安全感，就有很多機會主持研習會，與委託人進行諮商，並發表演講，就和在紐約熟悉的環境中一樣自在。甚至在偏遠的土耳其小村莊，他也住了兩個月，而且比在紐約時更忙碌。最後，他基於這些經驗，知道自己可以隨時到任何地方，而且做事更有效益，原因不是外在環境，而是他能憑著自己的內在力量與技巧來處理未知事物，就如同處理已知的事物一樣。

・每當發現自己逃避未知事物，就問自己：「我可能遇到的最糟情況是什麼？」你或許可以發現，對未知的恐懼，和實際的結果相差很大。

・試著做些蠢事。像赤腳在公園裡散步，嘗試做些你一向避免做的事，因為你認為「不應該做那種事」。敞開自己，接受你過去因為覺得很蠢或瘋狂而逃避的新經驗。

・提醒自己，害怕失敗往往是害怕別人不認可或嘲笑。如果你讓他們發表個人意見，確認那些意見與你無關，你就可以用自己而非別人的角度，開始評估自己的行為。這樣你看待自己的能力，就不會從好壞或高下出發，而只是視為與別人不同而已。

・試著做某些你一向會以「我不擅長……」這句話來逃避的事。你可以用一整個下午畫畫，而且盡興地畫，如果最後的作品不太理想，並不代表你失敗，至少你擁有半天的快樂。我的客廳牆上掛著一幅畫，從美學觀點來看，畫得很糟。每個來我家拜訪的人都曾批評，或強忍著不去批評它有多差。畫的左下角寫著幾個字：「獻給您，戴爾博士，我把這幅並非我最佳的作品送給您。」這是我以前一個學生送的。她一直逃避畫畫，因為她很早就知道自己不擅長繪畫。這次她用一個週末畫這幅畫，只是出於自娛，這幅畫是我最珍視的禮物之一。

・記住，成長的反面就是一成不變與死亡。因此，你可以下定決心每天以新的方式生活，要自動自發且充滿活力，否則你可能會害怕未知、保持不變，這都等於心理上的死亡。

・你覺得誰最該為你對未知的恐懼負責，就找這些人談一談。要明確聲明，你打算做以前沒做過的事，看看他們的反應如何。你可能發現，他們對你的質疑，就是你過去一向擔心的事情，你就是因為那種不認可的神情而選擇停滯不前。現在，你可以面對這種神情，發表你的獨立宣言，擺脫他們的控制。

・不要把「凡事盡力做到最好」當作你與孩子的信條。試著改口說：「選擇那些對你重要的事，全力以赴，至於生活中其他事情，只要去做就好了。」事實上，盡善盡美是神話，你永遠不會達到最好，無論任何人都不會，總是有改進的餘地，因為完美並不是人類的屬性。

・不要讓你的信念使你停滯不前。因為過往經驗而相信某事，並堅持這種信念，是一種逃避現實的行為。重要的是現在，現在的事實不是過去的事實。不要根據你過去的信念來評估你現在的行為，而要以你現在所經歷的一切作為評估標準。讓自己親身體驗，不要以過去的信念來改變你的現實情況，那麼你將發現，未知的領域是一個很奇妙的地方。

・記住，你是人，人們的所作所為，你都不陌生。你可以成為你所選擇的任何樣子。將這一點深印腦海，每當你陷入典型的逃避行為時，就提醒自己。

・當你做事時，要注意自己是否刻意逃避未知領域。在這個時候，要開始跟自己展開對話。告訴自己，如果你不知道在生命的每一刻該何去何從，也沒有關係。注意自己是否又只做例行公事，是改變這種習慣的第一步。

・故意不追求某件事的成功。輸了一場網球賽，畫壞一幅畫，你就真的是差勁的人嗎？又或者，你還是有價值的人，而剛才只是享受了某種愉快的活動？

・與過去你避開的一群人其中的一員談談，你很快就會發現，是你的偏見使你停滯不前、生活乏味。如果你對任何人未審先判，就是阻止自己與他們坦誠往來。接觸愈多不同的人，就愈可能注意到你曾經錯失多少機會，而你以前的恐懼有多麼愚蠢。有了這樣的見解，未知領域將成為一個可以持續擴大探索而非逃避的領域。

一些關於害怕未知領域的結語

以上的建議是克服害怕未知的一些建設性方法，整個過程始於重新檢視你的逃避行為，接著積極地挑戰舊行為，並朝新的方向邁進。如果歷史中偉大的發明家或探索者都害怕未知領域，那麼世界上的人恐怕現在都還居住在兩河流域。成長就存在於未知的領域中，對人類文明或對個人而言都是如此。

如果某條路上有個岔口，一邊是安全的，另一邊則是未標示的未知領域，你選擇走哪一邊？

美國詩人佛洛斯特（Robert Frost）在〈未擇之路〉（*The Road Not Taken*）一詩中回答了這個問題。

> 兩條路在林間岔開，而我——
> 我選擇了人跡罕至的那條，
> 這個選擇使結果截然不同。

如何選擇就看你自己。你對未知領域的恐懼，形成一個誤區，這個誤區正等著被令人興奮的新活動取而代之，新活動會將快樂帶進你的生活。只要一直往前走，你不必知道要往哪裡去。

第7章 破除傳統的障礙

世上沒有能夠放諸四海皆準的規則、法律、傳統……還有現在說的這句話也是。

這世界充滿「應該」，人們未經評估就將「應該」套用在自己的行為上，所有「應該」構成了一個巨大的誤區。你可能受一套規定和原則所引導，對於這套規定和原則，你甚至並不同意，但你無法加以破除，也無法自己決定何者對你適用，何者對你不適用。

世事無絕對。任何規則或法律都不可能在所有情況下都合理適用，或能永遠提供最大的好處，保持彈性會好得多，然而你可能會發現想破除不適用的法律，或是要違背荒謬的傳統，確實很困難，甚至不可能做到。適應社會或文化，對平日的生活可能有幫助，但若是太過極端，就可能導致神經質，特別是當你為了符合各種「應該」，結果變得不快樂、沮喪和焦慮時。

這並不是暗示或建議，你可以因為自己的想法而藐視法律或違反規則。法律有存在的必要，秩序是文明社會的重要一環，但盲目遵守傳統完全是另一回事，事實上，盲目遵守傳統對個人的損害，遠超過違反規則對個人的損害。通常來說，規則是愚蠢的，有些傳統不再合理，如果你因為必須遵守毫無意義的規定而讓你生活缺乏效益，那麼此時你就該重新考慮這些規定和你的行為。

正如林肯總統說過的：「我從未有一項始終適用的政策。我只是試著在當時做出最合理的事。」因此，林肯不會受制於一體適用的單一政策，即使該政策是為了這個目的而制定。

只有當「應該」妨礙了健全有效的行為時，它才是不健全的。如果你發現自己因為「應該」而做了惱人或是反效果的事，你就是拋棄了自己選擇的自由，並讓自己受某種外力控制。在繼續檢視這些可能擾亂你生活的各種「錯誤的應該」之前，先進一步檢視這種內在與外在控制力，將會很有助益。

內在vs.外在的控制力

據估計，在我們的文化中，約有七五%的人在人格取向上受外在力量的影響大於內在力量影響。這意味著，你屬於外在控制型的機率相當大。在你的控制點中，「外在」的意思是什麼？基本上，如果你把目前情緒狀況的責任歸於別人或別的事，你就是受外在控制。因此，如果有人問你：「為什麼你情緒低落？」而你以諸如以下的說法回答：「我父母虐待我。」「她傷害我的感情。」「我的朋友不喜歡我。」「我的運氣很差。」「諸事不順。」你就是屬於外在控制型。如果別人問你為什麼這麼快樂，你回答：「我的朋友對我很好。」「我轉運了。」「沒有人煩我。」或「她支持我。」你仍然屬於外在控制型，因為你把自己感覺的責任歸於別人或別的事。

內在控制型的人自己肩負起如何感覺的責任，在我們的文化中，這種人顯然不多。當別人問他同樣這些問題時，他可能這樣回答．「我自己弄錯了。」「我太重視別人說的話。」「我現在不夠堅強，無法避免不快樂。」「我擔心別人的想法。」「我沒有辦法讓自己不痛苦。」同樣地，當人家問內控型的人為什麼開心時，他也會以「我……」來回答，例如「我努力讓自己快樂。」「我使事情對我有利。」「我跟自己說正確的事情。」「我掌管自己，這就是我所選擇的。」由此看來，有四分之一的人為自己的感覺負責，四分之三的人則怪罪於外在因素，你屬於哪一型的人？幾乎所有的「應該」與「傳統」都是外來因素造成的，亦即，它們來自別人或別的事，如果你背負了許多「應該」，而無法破除別人訂定的傳統，你就是屬於外控型。

以下是外控型想法的好例子。最近有個當事人找我諮商，我們姑且稱她芭芭拉。芭芭拉最苦惱的就是肥胖問題，但她另外還有一大堆小煩惱。我們開始討論她的體重問題時，她說，她的體重一向過重，因為她新陳代謝有問題，而且她母親從小就強迫她多吃。她說，她暴飲暴食的習慣一直持續到現在，因為丈夫忽略她，孩子也不替她著想。她抱怨說自己什麼減肥方法都試過，慧優體（Weight Watchers）公司的減重方案、減肥藥、各種飲食指導醫師，甚至占星術。心理治療是她最後萬不得已的一招。她說，如果我沒辦法使她減重，就沒有人能幫她了。

當芭芭拉逑說自己的故事，並檢視自己的困境時，我心想，難怪她無法減去多餘的體重。每件事和每個人都聯合起來與她作對，連她母親、丈夫、孩子，甚至自己的身體和天上的星星也不例外。減重飲食和飲食指導醫師也許能幫助她減輕痛苦，但是就她的個案來看，她失敗的機會太大了。

芭芭拉是把一切歸咎於外在的典型案例。她總認為使她發胖的因素是母親、丈夫、孩子，以及自己身體某些難以控制的部分，而與她選擇吃什麼東西、吃過量，或特定時候吃什麼無關。此外，她試圖減重的方法也與她對這問題本身的認知一樣，目標都朝向外部。她沒有認清過去是自己選擇了暴飲暴食，如果想減重，就必須學會做出新選擇；相反地，她向其他人和事求助——這是社會上接受的減重方法，她所有的朋友都找慧優體諮詢，她就跟著這麼做，每次有朋友發現一位新的飲食指導醫師，她也跟著上門求助。

經過數週諮商，芭芭拉開始認清，她的不快樂與抱怨都是自己選擇的結果，而不是別人的行動造成的。她也開始承認她暴飲暴食，經常吃得比真正所需還多，而且運動量也不夠。她做的第一個決定是，透過自律來改變飲食習慣。她能夠而且也願意控制自己的心志。所以下一次她覺得飢餓時，便決心以自己的內在力量取代餅乾來獎勵自己。她不再責怪丈夫和孩子待她不好，導致她用食物來彌補；她開始看出，自己多年來扮演受難者的角色，實際上是乞求他們剝削她。當芭芭拉開始要求家人好好待她，卻發現家人早就準備用她要求的方式對她了。她漸漸不從食物尋求慰藉，而在以互敬互愛為基礎的關係中找到滿足。

芭芭拉甚至決定減少和母親共聚的時間，她過去認為母親掌控她的人生，又讓她飲食過量而毀掉她的人生，但她現在開始了解母親不能控制她，她可以自己選擇何時去探望母親，而不是順著母親要求的時間；同樣地，她也不必因為母親要她吃那一塊巧克力蛋糕，她就一定要吃。有了這樣的了解後，芭芭拉開始享受而非嫌惡與母親相聚的時光。

最後，芭芭拉了解心理治療的癥結點在於她自己。我不能改變她，她必須改變自己。這需要時間，但是要一步一步慢慢努力。芭芭拉以自己內在的標準取代她外在的應該，她現在不只瘦得多，而且也快樂得多。她知道使自己快樂的並不是丈夫、孩子、母親或天上的星星，而是她自己，因為現在她能掌控自己的心志。

宿命論者、決定論者和相信運氣的人，都屬於外在控制型。如果你相信上天已經將你的一生預先規畫好，你只需要照著適當的路走，那麼你很可能會背負路線圖上所有的「應該」。這些「應該」會讓你保持在路線圖上。

如果你堅持讓自己受外力控制，或堅持認為你受外力控制，你就絕不可能自我實現。生活有效益，並非意味著排除生活中的一切問題，而是把你的控制力來源從外在轉移到內在，這樣一來，你就要對自己情感上所經驗的一切負責。你不是機器人，不能在一個充滿他人規則的迷宮裡過活，而且這些規則對你而言根本不合理。你可以用較嚴格的眼光看這些「規則」，並開始對你自己的思想、感覺與行為進行一些內在控制。

歸咎別人與英雄崇拜：外控型人行為的兩個極端

歸咎別人是一種小技倆，每當你不想為生活中的某件事負責時，它就能派上用場。它是外控型人的避難所。

所有的歸咎都是浪費時間。無論你挑出別人多少錯，把多少罪過推給他，都無法改變你。歸咎別人唯一能做到的，就是當你尋找外在理由來解釋自己的不快或挫折時，它可以將焦點從你身上移開。但歸咎本身是一種愚蠢的行為，即使歸咎能產生某種效用，這種效用也不會落在你身上。你或許能藉著歸咎某人，使對方為某件事產生罪惡感，但你無法成功地改變使你不快樂的事。你可以不去想它，卻無法改變它。

把焦點放在別人身上，這種傾向可能走到另一個極端，並且以英雄崇拜的方式呈現。在這種情況中，你可能發現，自己仰賴別人來決定你的價值。既然某某人那樣做，我也應該那樣做。英雄崇拜是自我否定的一種形式，它使別人比你自己更重要，使你的自我實現與外在事情產生關聯。雖然看重別人及他的成就並非對自己不利的事，但如果你依照他們的標準來塑造自己的行為，它就會變成一個誤區。

你崇拜的英雄也都是人，他們每天做的事和你做的事一樣，你身上癢的地方，他們也會癢，你早上有口臭，他們也跟你一樣。（這時唯一的英雄是火腿與起司，或者是焗烤千層茄子。）一切的英雄崇拜都是浪費心力。

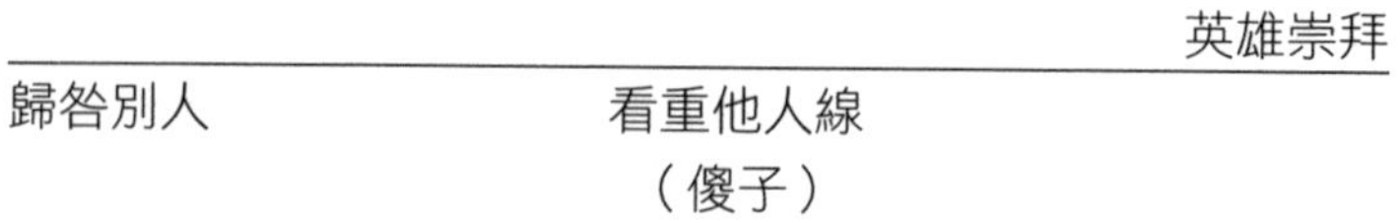

英雄崇拜

歸咎別人　　看重他人線
（傻子）

圖一

你生活中的所有英雄都不能教導你什麼，無論任何方面，他們都並不比你強。政治人物、演員、運動員、搖滾歌星、你的老闆、心理治療師、教師、配偶，不論是誰，他們只是擅長他們所從事的行業——如此而已。如果你把他們當作英雄，把他們捧到比你高的地位，你就落入外在控制力中，讓別人負責決定你的良好感覺。

如果把歸咎別人置於一端，把英雄崇拜置於另一端，你會位於這條「看重他人線」（Focusing On Others Line（簡稱FOOL，傻子））的某處（圖一）。

如果你針對應該如何感覺或應該做什麼，向外尋找一個解釋，那麼你這種行徑就像傻子（FOOL）一樣。為自己負起責任、承擔榮譽，是排除這個誤區的第一步，要做自己的英雄。當你擺脫歸咎別人與英雄崇拜的行為，就會從外在控制轉入內在控制，從這裡開始就不會有普遍存在的「應該」，不論是對自己或對別人都是如此。

對與錯的陷阱

這裡所談的對錯問題，都與宗教、哲學或道德上的先驗（a priori）對錯無關。我們在此要討論的主題不是這些，而是你，以及你的對錯觀念如何妨礙你自己的快樂幸福。你認為對與錯的事，就是你普遍認為的「應該」。你可能已採取一些不健全的立場，包括：「對」是指善或公正，「錯」是指惡或不公正，但這是無稽之談，就這個意義來說，對和錯都不存在。「對」這個字暗示了「保證」，如果你以某種方式做某事，你會得到必然的結果。但事實上並沒有所謂的保證。你可以這麼想，任何決定都可能導致不同的結果，或是更有效、更適切的情況，不過一旦變成對與錯的問題，你就掉進一個陷阱：「我一定要做對，如果事情不對或別人不對，我就會不快樂」。

你需要找到正確答案，也許這種需求有一部分與尋求確定有關，我們在「害怕未知領域」那章已經討論過，這也可能是因為你偏好二分法，你想將世界一清二楚地劃分為兩種極端，比方說黑／白、是／否、好／壞、對／錯。但世上幾乎沒有事情恰好符合那些類別，大部分聰明人都徘徊在灰色地帶，很少停留在全黑或全白的極端。這種要求正確的傾向，在婚姻或其他成人的關係中最明顯，討論總是會變成一場非得分出對錯的爭執。我們常聽到「你老是認為你是對的」以及「你從不承認你錯了」。但事物其實沒有對錯之分，每個人都有不同，而且從不同的角度看事情，如果一方堅持自己是對的，結果必然是溝通破裂。

擺脫這種陷阱的唯一方法，是別再以那些錯誤的不是對就是錯方式思考，就如同我向病患克里福解釋的一樣。克里福幾乎每天都為了每件事跟太太爭吵，我告訴他：「不要試圖說服太太，要她承認她錯得有多離譜。為什麼不討論一下？不要期望她應該說什麼，只要容許她與你的意見不同，你就可以免除這種讓你即使沮喪，也還是頑強地堅持你才是對的，沒完沒了的爭執。」克里福後來放棄了這種神經質的需求，並進行了一些溝通，婚姻中的愛自然又回來了。每一項敘述中的對和錯都代表各種「應該」，這些「應該」阻礙了你，特別是當你的「應該」與別人的「應該」起衝突時。

對／錯思維導致猶豫不決

有一次，我問一位尋求心理諮詢的人，他是不是很難作決定，他說：「呃——可以說是，也可以說不是。」也許你很難作決定，即使小事也一樣，這是因為你傾向將事情劃分成對錯兩類。猶豫不決是因為你想要「對」，拖延決定的時間是為了避免每次覺得自己做錯時所要面對的焦慮。一旦不再考慮每一項決定的對／錯（因為「對」暗示了一種保證），那麼作決定就變得易如反掌。如果你試著決定要上哪一所大學才對，即使在作過決定之後，你可能還是永遠裹足不前，因為有可能那個決定不對。我們應該將思考過程改變成：「沒有所謂『對的大學』。如果我選擇A，這些會是可能的結果，如果選擇B，那些是可能的結果。」這兩種選擇，並非哪一個選擇才對，只是某個選擇與另一個選擇不同，不管你選擇上哪一所大學，你都無法獲得保證。同樣地，你可以將所有可能的結果視為無所謂對錯、好壞，甚至無所謂更好或更壞，那麼你就可以緩和自己神經質的猶豫不決。決定的結果純粹只是不同而已，如果你買這件你喜歡的衣服，這就是你穿上後看起來的樣子，只是與那件穿上去看來不同（而非更好）而已。一旦你放棄那些既不準確又不利自己的對錯觀念，你將會發現，作決定只是在特定的當下，衡量自己偏好某種結果的簡單事情。此外，如果你開始選擇為此決定後悔，而不是後悔自己浪費了時間（因為它使你一直活在過去），你只要下定決心，下次在當下時刻要做不同的決定，這個決定將帶來先前的決定未能帶來的結果，但是千萬不要試圖再將它納入對或錯的分類。

沒有什麼事會比另一件事更重要。小孩蒐集貝殼，並不會比通用汽車（GM）總裁作一項重大企業決策更對或更錯。這兩件事沒有對錯之分，只不過是不同而已！

你可能認為，錯誤的觀念不好，不應該將它說出來，而正確的觀念則應加以鼓勵。也許你對自己的孩子、朋友或配偶會說：「如果說得或做得不對，就不值得說或做。」但這種說法潛藏著危險。這種權威的態度若是延伸到國家或國際層級，就會導致極權主義。誰來決定什麼是對的？那是一個可能永遠無法得到滿意答覆的問題。法律不能決定那是不是錯的，只能決定那合不合法。一百多年前，英國著名哲學家和經濟學家約翰．彌爾（John Stuart Mill）在《論自由》（*On Liberty*）中宣稱：

> 我們永遠無法確定，我們努力壓抑的意見一定是錯的；即使我們確定了，但壓抑它仍然是一種罪惡。

你的成就並不是根據你作出正確選擇的能力來衡量的。如何在做出選擇後掌控自己的情緒，是評估個人當下的心神穩定性（togetherness）更重要的指標，因為對的抉擇也代表了那些要努力排除的「應該」。這種新想法在兩方面有所幫助：第一，你將排除那些無意義的應該，變得較偏向內在控制；第二，去除那些錯誤的對／錯分類，你將會發現作決定比較容易。

愚蠢的應該、必須和不應該

心理學家亞伯特．艾里斯（Albert Ellis）新創了一個字眼，用來說明人們將各種「應該」納入生活中的傾向，這個字眼就是「強迫執行症」（musterbation）。每當你發現自己正按你認為應有的行為行動，但其實你根本想用另一種方式進行，你就是有「強迫執行症」。著名的精神病學家卡倫．荷妮（Karen Horney）在其《自我的掙扎》（*Neurosis and Human Growth*）一書中，用一整章來討論這個主題，她把標題訂為「應該的專橫」（The Tyranny of the Should）。她指出：

> 「應該」總是會產生一種緊張感，一個人愈是試著在行為中做到自己的「應該」，就愈會緊張……此外，由於受外在控制，「應該」總是會造成人類關係中的騷動不安。

「應該」決定了你大部分的生活嗎？你覺得你應該對同事和善、支持配偶、幫助自己的孩子，並且總是勤奮工作嗎？如果你有時未做到其中一項應該，你就會苛責自己，而且因此產生荷妮所暗示的緊張與不安嗎？但也許這些不是你的應該，事實上，如果它們屬於其他人，你只是把它們借過來，那麼你便是在強迫你自己。

「不應該」就像「應該」一樣的多，其中包括：你不應該無禮、生氣、不明智、愚蠢、幼稚、淫蕩、憂鬱、攻擊別人等等。但你不必強迫你自己做什麼，偶爾不夠鎮靜或是在狀況外，沒有什麼大不了，如果你選擇不擺出莊重威嚴的態度，也未嘗不可。沒有人會一直替你打分數，或是因為你沒有成為別人認為你應有的樣子而處罰你。此外，你永遠不可能成為你自己不想成為的樣子，這根本是不可能的。因此，所有的應該只會對你造成緊張，因為你不能滿足自己錯誤的期望。緊張並不是由於你不受尊敬、不獲支持、不慎重或其他任何行為，而是由於你對自己施加了「應該」。

「應該」存在的禮節

教化當中存在著無用和不健康的部分，禮節是最佳的例子。想想那些作家愛蜜莉．波斯特（Emily Post）、艾美．范德比（Amy Vanderbilt）或是阿比蓋爾．馮．布倫（Abigail van Buren）所寫的禮儀書籍吧。只是因為他們這麼寫了，你就跟著採用那些瑣碎無聊的規範：用這種方式吃你的玉米棒，總是等女主人說開動才用餐，先將男士介紹給女士，在教堂的婚禮中一定坐在某一邊，這樣給小費，那樣穿衣服，使用這些詞彙，不隨自己意思行事，要查閱書籍。良好的舉止當然是適當的，這是為了表示對別人的體貼，但是在所有的禮節規範中，約有九〇％是無意義的規矩，是在某個時候主觀任意形成的。但對你而言，禮節並沒有所謂適當的方式，只有你自己才能夠決定什麼最適合你——只要別讓人覺得你很難相處就行了。你可以選擇用什麼方式介紹別人，要怎麼給小費，要怎麼穿著、發言，要坐在哪裡，要吃什麼等等，一切都可以根據自己的要求。每當你落入「我**應該**穿什麼」或「我**應該**怎麼做」的陷阱，你就是放棄了一大部分的自我。我在這裡不是要倡導讓你成為反社會者，因為不隨俗也是一種尋求認可的形式。我是要呼籲，在你生命中的每個日子裡，都要做個自我引導而非由他人引導的人。忠於自己，意味著你不需要外在的支持體系。

盲目服從規則與法律

人類有史以來的最卑劣行為，多是以遵守命令為幌子的行徑。納粹處決了六百萬名猶太人，並謀殺和虐待數以百萬計其他人，因為這是「法律」。二次世界大戰後，追溯這些野蠻行徑的責任迅速向上轉移到納粹權力中心的階級組織，再往下追究下去，整個德國，唯一能夠為這些滔天罪行負責的人是希特勒（Hitler）和他的主要親信。其他每個人都只是遵從命令和第三帝國的法律行事。

在紐約州的蘇佛克郡（Suffolk County），一位郡政府發言人最近解釋說，政府不能退稅給那些因為疏忽而多報地價稅的民眾，因為「法律規定，稅款繳交後，稅單就不能重新估算。這是法律，我也沒辦法。我的工作是執行它，而不是解釋它。」的確，在另一個時空，他一定可以成為傑出的劊子手。但你了解這樣的限制手法，這種話天天都能聽到，不要思考，只要服從規則，即使這些規則很荒謬。

在游泳池、網球場或其他公共場所，大約有一半的規則是毫無道理的。最近，在一個炎熱的晚上，有一群青少年圍在游泳池畔，他們顯然很想下水游泳，我問他們，游泳池空無一人，為什麼他們還待在池邊不下水。他們回答說，晚上六點到八點是成人的時間，這是規定，儘管沒有成年人會使用這個游泳池，但規定仍然要執行。當環境如此要求時，沒有彈性的空間，也無法改變規則，只能盲目地遵守當時毫無道理的規定。我鼓勵他們嘗試改變規矩，結果接到游泳池管理單位打來的電話，說我在鼓動孩子們造反。

不管規定有多愚蠢，仍然盲目遵守的情況，還有一些很不錯的例子，軍中就有一個。有位同事告訴我一個絕佳範例，說明了這種服從心態。駐紮在南太平洋的關島時，他很驚訝有許多奉召入伍的人竟然願意遵守顯然極為荒謬的規定。上級指示，只有軍官才可以坐在有遮篷的紅凳子上觀賞戶外電影，而由於軍官從不參加午夜播放的那場，所以會有一位士兵奉命監視紅凳區域，確保沒有任何士兵會坐在那裡。因此，每天晚上，你會看到一群海軍士兵坐在雨中觀賞電影，還有一位和他們階級相同的士兵監看著空無一人的紅板凳區域，以確保大家遵守這規定。我同事問他為什麼要執行這種荒謬的政策，對方提供他以下的標準答案：「我不是制定這些規矩的人，我只是執行者。」

赫曼．赫塞（Hermann Hesse）在《徬徨少年時》（*Demian*）一書中說：

有些人懶散安逸到不想替自己思考和作主，就死守法律。有些人則是意識到自身抱持的原則；一般人每天都在做的事，他們覺得不可以做，而一般人輕視的某些事，他們卻覺得可以做。每個人都必須有自己的見解。

如果你必須服從所有的規則，那你就注定當個情緒的奴隸。但我們的文化教導我們，不服從是沒規矩的，你不能做那些違反規定的事。對你而言，重要的是為自己判斷，哪些規定行得通，而且是保護我們的文化秩序所必須的，哪些規定可以打破，又不致傷害自己或他人。如果只是為反對而反對，是不會有好處的，但根據你自己的標準過自己的生活、做自己想做的人，就一定獲益良多。

抗拒有負面影響的文化適應和傳統

個人和世界的進步，都得仰賴脫離常規的人，而非適應社會、接受一切的人。進步所仰賴的人，是能創新、會反抗傳統，創造自己世界的人。為了從「應付了事」轉移為「有所作為」，你將必須學習抗拒教化，以及隨俗的許多壓力。為了充分作為，抗拒教化幾乎是理所當然，你可能被某些人視為不服從，這是你為自己思考所必須付出的代價，你可能被視為標新立異，被貼上自私或叛逆的標籤，招致許多「正常」人的非難，有時還遭到排斥。有些人並不樂見你抗拒他們已經採用的規範。你可能常聽到一些爭論：「如果每個人都決定只遵守他們想遵守的規則，該怎麼辦？那時候我們的社會變成什麼樣子？」這個問題的簡單答案就是，不可能每個人都這樣！大多數人對外在支持和各種「應該」的依賴，阻礙了這種立場。

我們在此所談論的，和無政府狀態無關，沒有人想摧毀社會，但是許多人希望個人能得到更多的自由，不受各種無意義的「必須」與愚蠢的「應該」所困。

即使最合乎情理的法律和規則也不可能適用於每一種環境。我們所要爭取的是選擇，也就是能夠擺脫持續遵守「應該」的奴僕心態。你不一定總是要符合你的文化對你的期望；如果你這麼做，而且覺得沒辦法採行其他方式，那你確實是個追隨者，是讓別人決定自己路徑的那種人。想主導自己的生活，需要有彈性，並且不斷自我評估，衡量規則在特定的當下可以運作得多好。沒錯，追隨、盲目地依照指示來行事，通常比較容易，不過一旦發現法律是為了服務你、而非要你服務它而存在，你就能開始排除那種「強迫執行」的行為。

如果要學會抗拒教化，就必須做到不理不睬；其他人依然會選擇遵守規則，即使那種做法會傷害他們，你將必須學會讓他們擁有自己的選擇，不要動怒，只要保持自己的信念即可。我的一位同事曾在海軍服役，駐紮於舊金山的一艘航空母艦上。當時總統艾森豪為了競選而造訪北加州，上級命令他們必須列隊排成 H i I K E（嗨，艾克；艾克是艾森豪的暱稱）的字樣，這樣總統從直昇機上俯瞰時，就可以看到這個訊息。我的朋友認為這個點子很瘋狂，決定不予理會，因為這有違他支持的一切信念。但他並沒有作亂鬧事，而是在那個下午偷溜出去，讓其他人參與這個自貶身分的儀式。他拒絕成為 H i 那個字裡那個小點的機會，但沒有羞辱其他選擇那樣做的人，也沒有作無謂的抗爭，就只是聳聳肩，讓別人按照他們自己的意願行事。

抗拒教化，是指你為自己做決定，並盡可能有效益和默默地進行，不要見風轉舵或是惡意地示威遊行，那樣沒有好處。愚蠢的規則、傳統與政策永遠不會消失，但你不必成為它們的一部分。別人盲從附和時，你只要聳聳肩不予理會即可，如果他們想那樣做，那種做法可能適用於他們，對你則不然。小題大作只會引起公憤，為自己製造更多障礙。你每天都可以發現幾十件默默避開規定比引發抗議活動來得容易的事件。你可以決定做自己想做的人，或是別人想要你成為的那種人，這全看你自己。

事實上，在社會中造成改變的所有新觀念，當初都曾遭到蔑視，其中還有許多觀念是非法的。一切進步都包括公然反抗不再適用的舊規則。人們曾經嘲笑愛迪生、愛因斯坦、亨利．福特及萊特兄弟——直到他們成功為止。當你開始抗拒毫無意義的政策時，你也會碰到這些蔑視。

某些典型的「應該」行為

「應該」行為的清單可以列滿一整本書。這些行為會在我們的文化中浮現，以下只是其中比較普遍的例子。

- 認為每樣東西都有一個位置，而且必須歸位。這種組織症候群意味著，如果東西沒有放在指定的地方，你就會感到不自在。

・經常問「我應該穿什麼衣服」，就好像穿著方式只有一種是可接受的，而且要由別人決定。白褲子和淡色**只有**夏天能穿，羊毛一**定**是冬天的布料。還有其他類似「受季節所控制」的「必須」，滲透了人們的生活。在《夏威夷》（*Hawaii*）一書中，詹姆斯．米契納（James Michener）描述那些從美國新英格蘭地區來到夏威夷的人，當十月來臨時，屬於熱帶氣候的夏威夷氣溫仍然逼近氏三十度，但那些人仍習慣性地穿起冬衣，而且雖然感到不舒服，卻還是穿了六個月。為什麼？因為他們**應該**如此。你成了時尚評論家指示下的奴隸，只穿「流行」的服飾，因為你「必須」順應配合。

・認定某些飲料必須配合某些食物，如白酒必須配雞、魚等白肉，紅酒必須配牛肉，嚴守吃什麼必須配什麼的規定。

・把自己行為的過錯推給別人。「真的是她的錯，她害我們遲到。」「不要怪我，是他做的。」

・你必須參加一場婚禮或送一樣禮物，即使你根本不想去。你就是沒辦法不理會那些邀請。你買禮物時可能感到很憤恨，但還是要買，因為那是應該做的事。反之，你雖然不喜歡參加喪禮，但還是去了，因為你應該去。你必須參加這種正式的儀式，以表現你的悲傷或尊敬，或表示你是有適當情緒的人。

- 參加了你不喜歡也不相信的宗教儀式，因為人家期望你去，而你自己也想要做對的事。
- 稱呼服務你的人頭銜，這樣是將他們抬到比你高的地位。你是如何稱呼你的牙醫？如果是稱他們為醫師，這是否只是一種職業上的頭銜？那麼你會說瓊斯木匠，或史密斯水管工嗎？如果這個稱呼是出於你對他職位的尊重，那麼你為什麼認為他的職位比你高尚？如果你付錢要他服務你，為什麼你用頭銜稱呼他，而他卻直呼你的名字？
- 到睡覺時間就上床，而不是疲倦時才上床。
- 做愛只有一種或兩種方式，因為那是唯一能接受的方式。或是一定要所有條件皆符合才做，例如孩子都睡了、不疲倦、房間要夠暗、一定要在自己床上等等。
- 按照文化習慣選擇角色。女人洗碗盤，男人倒垃圾，女主內，男主外。男孩子該做這事、女孩子該做那事之類的。
- 遵守不適合你家的規矩和傳統。例如，即使會造成不便，也必須在離開餐桌前先請求允許，一定要全部的人到齊才吃飯，或者毫無道理地規定睡覺時間等。

・遵守一切告示上的命令，不管它們是否有道理。「不准說話！」「不准進入！」「不准做任何事！」從來不質疑告示，或甚至從未想過它一開始就不應該放在那裡。有些人做了告示，而有些人則跟著犯下錯誤。

・將床墊的標籤保存好幾年，因為上面寫著：本產品標籤受法律保障，不得任意撕除。

・星期天的晚餐總是在媽媽家吃，雖然你寧可不要這樣。畢竟這是一種傳統，即使大家都不喜歡，包括媽媽在內，但你仍必須保持這種傳統。

・看書總是從第一頁開始，逐字看完，即使看到一半已經沒興趣了，仍然勉強看完自己不喜歡的書，因為之前已經看了一半。

・女人絕不主動找男人約會，因為邀約是男人的事。也不主動打電話給男人，或為男人開門、付帳，並遵從其他毫無實際作用的荒謬傳統。

・寄賀卡，然後又感到氣惱。你會寄賀卡，是因為你年年都寄，而人家也期待你寄。

・在學校爭分數，並且逼迫孩子也爭取分數。學習並不是為了自我的滿足，而是為了最終會在成績單上出現的符號。

・經常會問：「他／她適合我嗎？」尋求適當人選時經常感到困惑。

・無論去哪裡都跟伴侶一起，因為人家預期你們應該同進同出，即使你們兩人那時都寧可各走各的。

・凡事求助於「××指南」，因為每樣工作一定要用特定方法來完成。無法區分這種手冊是會提供實用資訊，還是只會告訴你事情應該如何。

・詢問衣服、帽子、汽車、家具、沙拉醬、開胃菜、書、學校、工作等是否適當。焦急地尋找適當的項目，結果陷入猶豫不決和疑惑中。

・把報酬、獎牌、頭銜、榮譽和所有的成就徽章，看得比你對自己成就的評估還重。

・老是說：「我永遠沒辦法像＿＿＿＿那麼棒。」

・觀賞表演時，即使不喜歡，仍然跟著其他觀眾鼓掌。

・對差勁的服務仍然給小費。

・表現出運動迷的行為，經常為某一支主隊的勝敗而瘋狂，想藉由運動員的成就或缺乏成就，來完成自己的夢想。

強迫執行症的常見心理效益

下面詳述人們緊抓住「應該」的一些原因。這些效益就像所有誤區中的效益一樣，大多對己有害，但卻自成某種支持體系。

• 遵守所有的「應該」，以便能從做個「好男孩」或「好女孩」當中得到慰藉，你也能因為服從而給自己讚揚鼓勵。這種效益是退化的，讓你退回到更早期的發展階段，因為表現乖巧就能得到贊同的階段，這表示你要靠別人來建立你的行為準則。

• 遵守外在的「應該」，使你能夠把陷入停滯的責任推給別人而非自己。只要這個「應該」可作為你目前狀況的理由，你就可以避開改變自己所涉及的風險。因此，這些「應該」阻礙了你的成長。例如，瑪喬莉的腦中有一個「應該」：所有婚前性行為都是禁忌。由於這個學習得來的「應該」，她直到三十四歲都不曾有過性經驗，但瑪喬莉內心並不平靜，她很想和人發生關係，而且在這方面對自己很不滿意。再者，瑪喬莉可能一輩子都不會結婚，因此她的「應該」（在這個個案中是「不應該」）會讓她一生都不可能有性愛。當她面對這個讓她想到就全身顫慄的可能性時，她的不應該依舊存在。瑪喬莉面對「應該」造成的擴散效應（spillover effect），她害怕別人的批評，甚至不敢和男友共處一室過夜，每天晚上一定要回到媽媽家，這種「應該」持續造成她的不便。緊守著這些應該，讓她避開充滿風險的事情，那就是：在令人害怕的性行為中測試自己。但她的回應總是「我不應該這麼做。」顯然，她的應該與她自己的幸福是背道而馳的。

- 你的應該使你可能操縱別人。告訴某人這事應該怎樣做，就能夠讓他照你想要的方式去做。
- 缺乏自信時，更容易拿「應該」當理由。自我的形象衰落時，「應該」就變成你的屏障。
- 當別人的行為不符合你為自己與別人所設定的應該時，你仍然會自以為是，並且抱持敵意。因此，你犧牲那些不遵守規則模式的人，以增強自己在自己心目中的地位。
- 你可以藉由順從而贏得認可。當別人一直告訴你應該怎麼做，你可以因為順應配合別人而感覺良好。前面談過的尋求認可需求，在這裡又開始產生。
- 只要你把重心集中在他人身上，經歷他們的成敗，你就不必自己奮鬥。擁有英雄偶像，會降低你對自己的評價，並讓你放縱自己不做努力。因為既然英雄是造成你開心或難過的原因，你就不必自己負起情緒不好的責任。在這種情形下，你的自我價值實際上是別人的價值，因此瞬息即逝，相當短暫，它取決於那些偉大人物，以及他們如何為你經歷一切。

排除「應該」的策略

基本上，要排除這個誤區，執行起來需要冒點險。就是去做！即使別人曾跟你說過哪條路是正確的，如果這條路對你不適用，那就下決心另闢蹊徑。以下提供一些策略，可幫助你擺脫凡事只講「應該」的習慣。

- 一開始先認清自己的行為，研究上述神經質行為的原因，然後自問，為什麼自己要背負這麼多應該，問自己是否真的相信它們，或者你只不過是習慣那樣做而已。
- 列出你遵守但卻似乎無法加以應用的規則，那些你經常抱怨愚蠢但卻無法擺脫的慣性行為。接著，擬好你認為最有意義的「行為規則」，把它們寫下來，即使這時候你不相信自己能夠照著做。

・開創自己的傳統。例如，你一向在耶誕夜裝飾耶誕樹，但你想在三天前就裝飾好，那麼你可以開創一個新的耶誕節傳統——對你自己有意義的傳統。

・與親友磋商你一直遵守、但覺得很討厭的許多行為規則，或是向每個人提出顯然比較合理的新規則。你將發現舊規則之所以一再延用，只是因為過去沒有人認真考慮過向它們挑戰。

・寫內在與外在控制力的日記。寫下讓你把自己情緒變化的責任推給別人的外在控制力，看看你能不能以有勇氣的新行為，把自己從受外在控制轉變為由內在控制。在邁向內在面的過程中，設法將你的成功歷程記錄下來。

・看看你強加在別人身上多少規則，問問他們是否真的需要那些指示，如果沒有這些指示，他們是否會以同樣方式表現，也許你甚至會聽到他們提出更有效益、更有彈性的指導原則。

・冒險向你希望排除的規則或政策挑戰，但要做好準備，不帶敵意地因應這項行為的後果。例如，假設你一向認為女人不應該主動找男人約會，但有一天週末你發現自己沒有約會，你就可以鼓起勇氣，試著打電話約男人，看看會發生什麼事。或者，退換一件有瑕疵的服飾，即使服飾店的規定是「恕不退換」。有效地向這種政策挑戰，如有必要，發誓力爭到底。不要接受其他人的策略指引，因為最後的結果將使你成為犧牲者。

‧將決定帶來的結局視為不同的結果，而不是視為對或錯。做決定的時候，排除對或錯的觀念，而是認定哪一方都行得通，每一種決定各自都會產生不同結果。相信自己的決定，不要依賴某種外來的保證。讓自己開心，不要迎合外在的標準。

‧試著活在當下，讓你的「規則」與「應該」僅適用於當時。不要認為它們是放諸四海皆準，承認它們只適用於這個時候。

‧拒絕讓任何人干預你違反規則的行為，它只適用於你，不必擺出要人認可的姿態。一味要人認可，代表你對教化的抗拒，只不過是想贏取別人注意，進而受人奉承。

‧擺脫你（以及其他人）在你生活上所扮演的角色。做你想做的人，而不是人家認為你應該做的人，只因為你是一個男人、女人、中年人，或其他任何條件的人。

‧拒絕在一段特定談話中把焦點放在別人身上。練習不以抱怨或挑剔的方式，去怪罪別人，或是談論別的人、事或觀念，而且將這種談話時間不斷拉長。

‧不要等待別人改變。問問自己為什麼只是因為你想要怎麼樣，別人就得改變成那樣。承認每一個人都有權成為他們選擇的樣子，即使這會激怒你自己。

‧提出一份歸咎清單，詳列出你對自己不滿的每一件事，它看起來可能如下：

我對自己與生活的不滿	我歸咎的對象
我太胖	甜食、新陳代謝、媽媽、麥當勞、遺傳
我視力差	父母、祖父母、上帝、遺傳、家庭作業、電力公司
我數學很差	小學老師、姊妹、缺乏數學細胞、媽媽
我沒有男（女）朋友	運氣不好、學校裡全是怪咖、父母、我不會化妝
我太高	遺傳、上帝、媽媽
我不快樂	景氣、股市、離婚、孩子討厭我、生病
我的胸部太小	媽媽、遺傳、運氣不好、小時候營養不良、上帝、撒旦
我的髮色不對	美妝品牌、遺傳、女友、太陽
世界現況使我煩惱	美國總統福特、尼克森、詹森等，共產黨、人性
我的鄰居令人討厭	社區、「那種人」、分區規則
我的網球成績	風力、太陽、球網太高／太低、分心、抽筋、手臂酸痛、腳痛等
我不舒服	我的新陳代謝、我的經期、醫生、食物、冷熱、風、雨、花粉、你能想到的一切

這是多美妙的想法。保持傳統，可以確保永遠保持原狀；但若是揚棄傳統，整個世界都是你的，任你選擇創意地運用。

成為自己行為的評判，學會靠自己做當下的決定。不要在老舊的政策與傳統中翻找答案。用你選擇的任何方式，唱出自己的快樂之歌，不管別人覺得應該如何。

第8章　公平的陷阱

如果世界井然有序，每件事都必須公平，那麼生物一天也活不下去。鳥兒不能吃蟲，每個人都要維護自我利益。

我們習慣在生活中尋求公平，如果看不到公平，往往會感到憤怒、焦慮或沮喪。事實上，尋求公平，就和尋求青春之泉或是這類神話一樣虛無飄渺。公平並不存在，它過去不曾存在，以後也不會，世界完全不是這樣構成的。知更鳥吃蟲，對蟲是不公平的；蜘蛛吃蒼蠅，對蒼蠅是不公平的。美洲豹吃土狼、土狼吃獾、獾吃老鼠、老鼠吃蟲子、蟲子吃……只要看大自然，就知道世界上沒有公平正義。龍捲風、洪水、海嘯、乾旱，都是不公平的。公平這種東西，完全是神話觀念，世界以及世人每天生活在不公平之中，你可以自己選擇是快樂或不快樂，但那與你周遭所見到的欠缺公平無關。

這並非對人性和世界悲觀，而是如實說出世界的樣子。公平是一種幾乎沒有適用性的觀念，而且特別不適用於你對自我實現與快樂的選擇。但是我們之中有太多人要求人際關係中必須存在公平。「這不公平。」「如果我不能做，你也沒有權利這麼做。」以及「我會那樣對你嗎？」這些都是我們常說的話。我們追求公平，並且用不公平當作不快樂的理由。要求公平不是神經質行為，但是當你看不到你一直要求卻得不到的公平證據，就以負面情緒來懲罰自己時，它就變成一種誤區。在這種情形下，對自己不利的行為並非來自對公平的要求，而是因不公平的現實而造成的停滯不前。

我們的文化一向保證公正。政壇人士在競選演說時總是提到公正。「我們要全民平等和公正。」但是日復一日，甚至一個又一個世紀過去，不平等持續存在。在公眾或私人生活中，貧窮、戰鬥、瘟疫、犯罪、姦淫、毒品、謀殺，一代又一代持續下去。如果人類的歷史可用來做為一種指南，那麼這些現象將層出不窮。

不公平一直存在，但是你，以你無限的新智慧，可以下決心對抗那些不公平，拒絕因它而導致情緒上的停滯不前。你可以致力於促進鏟除不公平，你也可以決定自己的心理不被它擊敗。

司法體系承諾公平正義。「人民要求公平正義。」儘管其中一些人努力想實現，但通常都做不到。那些有錢人才不會被判有罪，法官和警察經常被權貴收買。美國就有一位總統和一位副總統犯了明顯的重罪，但卻獲得赦免和輕判。窮人擠滿了監獄，而且幾乎沒有擊敗司法體系的機會。這不公平，但卻是事實。副總統阿格紐（Spiro Agnew）因為逃漏所得稅而致富，總統尼克森（Richard Nixon）被赦免，尼克森的那些應聲蟲只在開放式監獄服了最短的幾個月徒刑，而窮人和少數族裔成員卻被長期監禁，等待審判、等待一個機會。即使當局一直極力否認，每一個到過地方法院或警察局的人都可以證實，權貴擁有另一套運作規則。公平正義在哪裡？哪裡都找不到！如果你決定對抗它，當然值得讚許，但若選擇因此變得沮喪，那就是神經質，如同構成誤區的內疚、尋求認可、或任何其他自責行為一樣神經質。

「這不公平！」無效人際關係的口號

對公平的要求，可能滲入你的人際關係，使你無法與別人有效溝通。一個人對另一個人抱怨的話當中，比較常見且具破壞力的，是「這不公平！」這個口號。考慮某件事公不公平時，你必須拿另一人或另一組人來做比較。你的心態通常是這樣：「他們能做，我也能做。」「你比我多，不公平。」「我沒有這麼做，為什麼你該這麼做？」這類問題層出不窮，在這種情形下，你根據別人的行為來決定什麼對你有好處，掌握你情緒的人，是他們，而不是你自己。如果你因為不能做到別人所做的而沮喪，那你就是讓別人控制你。每當你把自己和別人作比較，你就是在玩「這不公平」的遊戲，並且從自主思考轉變成受人控制的外在思考。

我的一個病患茱迪年輕貌美，她就是這種自毀思維的好例子。茱迪抱怨她五年來不愉快的婚姻，某天晚上，在團體諮商中，她出演一場婚姻爭執劇，一名年輕男子扮演茱迪從事保險業務員的丈夫，他說了一些令茱迪不快的話，茱迪立刻回嘴：「你為什麼這樣說？我從來沒有對你說過那些話。」當他提到他們的兩個孩子，茱迪說：「這不公平，我從來沒有把孩子扯進爭論裡頭。」當他們扮演的角色談到晚間娛樂的事，茱迪的想法同樣又是：「不公平，你整晚在外面，我卻得跟孩子待在家裡。」

茱迪用清單來經營婚姻，一方是你，一方是我，每件事都要公平，如果我這樣做，你也一定要照做。難怪大多數時候，她都感到受傷和氣憤，且關注點多在糾正假想的不公平上，而不是檢視並且改善婚姻。

茱迪尋求公平，這是神經質行為的死胡同。她根據自己的行為評估丈夫的行為，又根據丈夫的行為評估自己的快樂。如果她能夠不要再一直追究，並在不致虧欠對方的情況下，開始追求自己想要的事物，他們的關係就會大幅改善。

公平是一種外在的觀念——是一種避免自己主宰生活的方法。不要把任何事情視為不公平，你可以決定自己真正想要的是什麼，然後訂下達到目標的策略，不管世上其他人想要什麼或做什麼。其實，一樣米養百樣人，抱怨別人得到的比你好，並不會為你自己帶來任何正向的改變。你不要老是跟別人比較，別拿雙目望遠鏡緊盯著別人在做什麼。有人的工作錢多事少，有人能力不如你，卻因為得寵而晉升，你的另一半和孩子做事的方法永遠和你不同，但如果你把注意力放在自己身上，而不是跟別人比，你就沒有機會因為看到不公平的情況而令自己生氣。一切神經質症狀的背景，都是你認為別人的行為比自己的重要。如果你老是說「他能做，我也能做」這句話，你就是以別人為基礎來過生活，永遠無法創造自己的生活。

「公平問題」的同場加映：嫉妒

英國詩人約翰．德萊頓（John Dryden）將嫉妒稱為「心靈的偏見」。如果嫉妒妨礙了你，讓情緒停滯不前，你可以設定目標，排除這種具破壞性的想法。嫉妒其實是要求某人以特定方式愛你，當他們沒有這樣做時，你會說「不公平」。嫉妒源於缺乏自信，因為那是受人支配的行為，使別人的行為成為你情緒不佳的原因。真正喜歡自己的人不會選擇嫉妒，或是在別人表現不公平時，讓自己煩惱。

你永遠無法預知你所愛的人會對其他人產生什麼反應，如果他們選擇親密關係或相愛，而你認為他們的決定與你有關，那麼你必然會停留在嫉妒的情緒裡，但那是你的選擇。如果你的伴侶愛別人，他不是不公平，而只是那麼做了。如果你認定這是不公平，你可能會試圖找出原因。我的病患海倫就是一個很好的例子。海倫因為丈夫外遇而憤怒，一心想找出原因，她不斷自問：「我哪裡做錯了？」「我對他不夠好嗎？」及其他類似的自我懷疑。海倫總是認為，丈夫不忠是不公平的。她甚至想自己也搞外遇，以求平衡。她經常哭泣，時而憤怒，時而悲傷。

海倫的錯誤想法使她不快樂，而這種想法的根源是她要求公平。在這項關係中，「要求公平」使她透不過氣來，她把丈夫在外尋歡的選擇，當成是自己心煩的原因。同時，她把丈夫的行為當成自己做某件事的理由——她可能早就想另交男友，只不過因為這樣做不公平才沒有做。海倫堅持絕對公平，似乎意味著：如果她先有外遇，她丈夫應該也要外遇做為報復。海倫若想改善情緒狀況，一定要先認清她丈夫的決定與她無關，他自己可能有上千個獵豔的理由，但全都與她無關，也許他只是想嘗試不同的事情，也許他感受到妻子以外某人的愛情，也許他想要證明自己仍然雄渾有勁，或是想要延緩衰老。無論是什麼理由，都與海倫無關。她可以把丈夫外遇看成是那兩個人之間發生的事，而不是背叛她的事。這種煩擾其實完全在於海倫本身，她可以繼續用這種自虐式的嫉妒折磨自己，但在這種情況下，她的重要性就不如她丈夫或情婦；或者她可以認清，別人的外遇與她的自我價值無關。

典型的要求公平行為

幾乎生活中所有層面都可以看到「尋求公平」的行為，如果稍加觀察，你會在自己與別人身上看到尋求公平的行為一再出現。以下是這類行為一些較常見的例子。

- 抱怨與別人做相同的工作，賺的錢卻比自己多。
- 認為法蘭克．辛那屈、山姆．戴維斯、芭芭拉．史翠珊等演藝人員，或是凱特費許．杭特、喬．納瑪什等運動員幹那類行業能賺那麼多錢，不公平，並為此感到憤憤不平。

・別人違規能夠逍遙法外，你卻總是被抓到，因而感到憤憤不平。從高速公路上的超速駕駛到尼克森獲得特赦，你都堅持公平正義必須獲勝。

・老是說「我會那樣對待你嗎？」」之類的句子，假定每個人都應該完全跟你一樣。

・某人幫你忙，你總是會回報。如果你請我吃一頓晚飯，我就欠你一頓，或至少欠一瓶酒。這種行為常常被認為是懂規矩或有禮貌，但事實上，它只是你維持公平的一種方式。

・回吻某人或是說「我也愛你」，而不是坦然接受，並且以你選擇的方式表達自己的感覺。這種行為表示別人說「我愛你」或吻你時，你若不用同樣的方式回報，就不公平。

・出於義務而跟某人燕好，即使你本身並不情願，因為你認為不合作是不公平的。因此，你在特定的當下做某一件事情乃是出於公平，而非出於你的喜好。

・總是堅持凡事一致。請記住愛默生時常被錯誤引用的一句話：

> 愚蠢的一致性，顯示了小人物的冥頑不靈。

如果你總想要凡事以「對」的方式進行，你就屬於這種小心眼的人。

- 與人爭執時，堅持要有一個明確的決定，要求贏家一定是對的，輸家要承認錯誤。
- 利用公平的論調來做你想要做的事。你一邊說「你昨晚出門了，我卻得留在家裡，這不公平」，一邊因為覺得不公平而氣憤。
- 老是說這對**孩子**、自己**父母**或**鄰居**不公平，因此做一些你寧願不做的事，並對此又覺得憎惡。其實你不應該將整個混亂局面歸咎於不公平，而是應該試著仔細檢視自己為何無法決定怎麼做最適合自己。
- 藉口說「他能做，我也能做」，用別人的行為替某件事辯護，這可能是你神經質行為的理由，用來辯解欺騙、偷竊、調情、撒謊、遲到，或任何你不願在你價值體系內承認的事情。例如在高速公路上，硬切到另一輛車前面，因為他也這樣對你；或是衝到一輛蝸牛車前面擋路，讓他車速更慢，因為他先這樣做；或是對向來車開了遠光燈，所以你也打開遠光燈——這其實是把你自己的生命置於險境，只因為你所認為的「公平」受到侵犯。這是小孩子常用的「他打我，所以我就打他」慣例，他們在自己父母身上看到這種行為不下數千次，而慣例擴展到荒謬的極端，就成為戰爭的根源。
- 別人送你禮花了多少錢，你也花同樣的錢買禮物回贈。對於別人的贈品，都以等值的贈品回送。兩邊的計數單上一定保持相等，而非用你真正想採取的做法。畢竟，「事情一定要公平」。

沿著這段公平小徑進行簡短的遊覽後，你和你周遭的人會發現自己的內心在顫抖，儘管抖得通常很輕微，但還是在顫抖，因為你的腦中裝著那個無用的句子：凡事必須力求公平。

堅持「要求公平」的心理效益

支撐這種行為所獲得的效益通常適得其反，因為它們讓焦點從現實轉往絕不可能存在的某種夢想世界。堅持「要求公平」的想法和行為，最常見的理由如下：

・你因為覺得自己公正無私而自鳴得意，這是讓自己覺得高人一等的辦法。只要凡事都堅持一個虛構的公平體系，並小心地保持計數單上的平衡，你就能緊抓住自己比別人清高的感覺，把當下全用來沾沾自喜，而非用於讓生活有效益。

・你可以把責任轉移到那些不公平的人或事上，藉此放棄對自己的責任，並為自己的停滯不前找到藉口。你沒有能力承擔自己的選擇，它便成了代罪羔羊，這樣一來，你就可以逃避改變帶來的風險和辛苦。你的問題癥結是不公平，除非不公平的因素消失，否則你永遠無法改變——當然，不公平的因素永遠不會消失。

・不公平可以為你贏得注意、同情與自憐。世界一直對你不公平，現在你和周圍的人必定為你感到抱歉，這是另一種逃避改變的絕佳技巧。引起注意、同情與自憐就是你的獎賞，你利用這些獎賞支持自己，而不是用自我掌控和排除比較的行為來支持自己。

・把自己行為的責任推給別人，就可以為各種不道德、非法與不適當的行為找到藉口。他能做，我也能做，這是任何行為最好的藉口。

・為你的欠缺效率提供一種極好的藉口。「他們不做，我也可以不做。」這是你太過懶惰、疲倦或害怕時的聰明小計謀。

・它提供一個談話主題，讓你可以避免和周圍的人談論自己。抱怨世上各種不公平，抱怨一事無成，你能藉此消磨一些時間，或許還能避開與別人更真誠、更個人的交往。

・只要你有公平的概念，總是可以做出公平的決定。

・你可以操縱別人，特別是你的孩子。做法是：提醒他們，如果他們沒有完全跟你一樣，而且沒有確切統計人際關係中所有的施與受，就是對你不公平。這是達到你目的的一種聰明的小詭計。

・你可以證明復仇行為是正當的，因為凡事都必須公平。這種策略可以讓你合理地操縱別人或做令人不悅的事，報復是有道理的，因為每件事必須公平公正，既然有恩必報，卑劣的行為也應該報復。

以上就是你緊守「要求公平」心理支持體系的原因，但這個支持體系並非不可動搖。以下是拋開這種想法、並排除這種「要求公平」誤區的一些策略。

放棄無謂堅持公平的策略

・表列出你認為在你世界裡不公平的每一件事，用這張清單做為個人有效行動的指引。自問以下這個重要的問題：「如果我憤憤不平，不公平就會消失嗎？」顯然不會。攻擊這種使你憤憤不平的錯誤想法，你就步上了避開「公平陷阱」的正軌。

- 當你發現自己說：「我會那樣對你嗎？」或任何類似的話，你就改說：「你和我不同，不過我覺得現在很難接受這點。」這將開啟你與對方之間的溝通。
- 開始將你的情緒生活視為與別人無關，如此一來，當別人的行為與你的期望不同時，你的情緒便不受傷害。
- 試著不把每一個決定看成是重大的改變生命事件，而是以正確的角度來看待。祕魯裔美國作家卡羅斯．卡斯塔尼達（Carlos Castaneda）認為，智者是：

> 藉著行動來生活，而不是藉著思考如何行動、行動之後要再思考些什麼來生活……智者知道，他的生命稍縱即逝；他知道，因為他了解，沒有什麼事情比別的事情更重要……因此，智者總是忙得汗流浹背，氣喘吁吁，在別人看來，他就像任何普通人一樣，只不過他懂得控制自己生活中的愚昧。沒有事情會比別的事情更重要，智者會選擇任何行動，並鄭重其事地完成；他懂得控制愚昧，所以他會說，他做的事情很重要，而且表現得就是如此，即使他明知事情並不重要。因此，他完成要做的事情後，就和平地退下，至於他的行

動是好是壞，是成是敗，絕對不是他關切的部分[1]。

・不要說「這不公平」，改說「這很不幸」或「我寧願……」。因此，你不要堅持世界不該這樣，要開始接受現實——但不必贊同它。

・不要跟別人比較，訂定自己的目標，別管其他人會如何做。開始做你要做的，不要管別人如何。

・當你說出「我快要遲到時，都會打電話給你，你為什麼沒打給我？」這類話，記得要大聲更正自己，改說「如果你打給我，我會覺得舒服些。」這樣你就可排除一個錯誤觀念：別人打電話給你的理由是因為應該要和你一樣。

・別人請吃晚飯或是邀請參加聚會，不一定要帶酒或禮物去，免得好像還債一樣。你可以等到你想那麼做時，送一瓶酒，附上一張卡片，上面寫著：「送上心意，只因為我覺得你是很棒的人。」不必用互惠交易來平衡帳目；做某件美事，只因為你想要做，而非特殊情況需要你做。

・根據自己的意願花錢買禮物，不要受制於別人送禮給你所花費的金額。不要為了義務與公平而邀請客人。根據你內心的想法而非外在的標準，來決定你要探望誰。

・根據你認為適用於自己的情況，在家中設定自己的行為標準，並讓家中其他成員也設定自己的標準，然後看看是否能在不侵犯彼此權利之下順利運作。如果你覺得你每星期希望有三天晚上待在外頭，但都無法達到，因為總得有人在家顧孩子，在這種情況下，你不必把「公平」列入你做決定的考慮因素。或許你可以請人來照顧孩子，或讓孩子們跟著外出，或是尋求任何令雙方都滿意的解決方法。老是訴求「這不公平」，一定會導致每個人都憤憤不平，最後只能一起待在家裡。對於不公平的事，要做個執行者，不要做個抱怨者，你所承受的每一件不公平的事，都有解決之道，無論如何都不必為此而停滯不前。

・記住，報復只是被別人控制的另一種方式。做你自己決定要做的事，而非別人決定要做的事。

— 卡羅斯．卡斯塔尼達（Carlos Castaneda），《解離的真實：與巫士唐望的對話》（*Aseparate Reality: Futher Conversation with Don Juan*）（New York: pocket Books, 1972）。

以上只是一些初步建議，可以讓你不需要跟別人比較，避免用他們的狀態做為個人快樂的標準，藉此使你自己更快樂。真正重要的不是不公平，而是你對不公平採取何種行動。

第9章 不要拖延——馬上去做

拖延不費吹灰之力。

你是個喜歡拖延的人嗎？如果你像大多數人一樣，這個問題的答案必然為「是」，但你也可能不想再生活在拖延所導致的常態焦慮中。你可能發現，你拖延了很多自己想完成的事，因為某種原因，你就是遲遲沒有行動。這種拖延的習性，是生活中十分令人厭煩的一面。如果你碰到一件棘手的工作，你幾乎每天都說：「我知道我應該做，但我晚一點再來處理。」這種「拖延」的誤區，很難歸咎於外在力量，這全都是你自找的——無論是拖延，或是拖延所導致的不安，都是如此。

拖延可說是一項普遍存在的誤區，儘管拖延畢竟不健康，但很少人能坦白表示自己從不拖延，就如同所有的誤區一樣，不健康的並非行為本身。事實上，拖延甚至不存在，任何事都是做了才算數，沒做的事就是沒做，而不是被拖延，只有隨之而來的情緒反應與停滯不前，才代表神經質的行為。如果你覺得你拖延事情，而且喜歡這樣，不會內疚、焦急或沮喪感，那麼你大可略過本章不看。但是對大多數人來說，拖延的確是盡可能逃避活在當下的方法。

希望、但願與也許

希望、但願與也許，這三個拖延者的神經質用語，構成了維持拖延行為的支持體系。

「我希望事情獲得解決。」

「但願事情好轉。」

「也許會一切順利。」

你可以用這三個詞享受拖延的樂趣，只要你說「也許」、「希望」或「但願」，你就可以用這些話當成現在不做的理由。所有的但願和希望都是浪費時間，就像童話世界裡才會出現的那些蠢事，絲毫無法完成任何事情，它們只是方便的逃避托詞，讓你可以不必捲起袖子，開始做你認為很重要的工作。

你可以做任何你下定決心要完成的事，你很堅強、有能力，一點也不脆弱。但是你把事情拖到以後再做，就等於是逃避現實、懷疑自己，最重要的是自欺。你的拖延使你在當下無法堅強，只是期盼未來事情能改善。

惰性是一種生活策略

「我等等看，事情會好轉。」這個句子使你在當下保持怠惰，對某些人來說，這變成一種生活方式，他們總是拖延，等待永遠不會到來的那一天。

最近我有個病患名叫馬克，他向我抱怨他不愉快的婚姻。馬克五十幾歲，結婚將近三十年。當我們開始談他的婚姻，他的抱怨顯然存在已久。他一度說：「（婚姻）從來沒好過，甚至從一開始就是這樣。」我問馬克，他何以能忍受這些年來的痛苦，他承認說：「我一直希望事情會好轉。」希望了近三十年，馬克和他太太仍過得很痛苦。

我們更深入談馬克的生活與婚姻時，他承認他的性無能至少可以追溯到十年以前。我問他有沒有看醫生尋求協助，他說沒有，只是愈來愈逃避房事，希望這個問題會自行消失。馬克重申他原先的論點：「我相信事情會好轉。」

馬克和他的婚姻，是一個典型的怠惰個案。他逃避自己的問題，並且用「如果我等等看，不做處理，也許會船到橋頭自然直」這種話，為他的逃避辯護。但是馬克了解，事情永遠不會船到橋頭自然直，而是仍舊保持原狀，頂多是有所改變，但並未好轉。事情本身（環境、情況、事件、人）不會自行改善，如果你的生活改善，那是因為你做了某些建設性的事，才使它好轉。

我們來進一步看看這種拖延的行為，以及如何利用某些相當簡單的解決方法排除拖延的行為。這是你不用花太多辛苦「腦力」就可以清除的誤區，因為它是你自己造成的，沒有任何文化來增強它，不像許多其他誤區都有文化因素的特徵。

拖延的作用

美國作家唐納．馬奎斯（Donald Marquis）把拖延稱為「設法跟上昨天的藝術」。對這句話，我要補充說，它也是「逃避今天的藝術」，這就是拖延的運作方式。你知道你有些事想做，並不是因為別人叫你做，而是因為它們是你深思熟慮後的選擇。然而，其中有許多事情從未完成，儘管你告訴自己，它們日後會完成。下決心在未來做你現在可以做的事情，而非現在就去做，是一項可接受的替代方式，讓你能夠欺騙自己：你沒有做本來要做的事，並不是一種自我妥協。這套方便使用的體系運作方式如下：「我知道我必須做那件事，但我很怕做不好，也怕自己不喜歡做。因此我告訴自己，我以後會做，這樣我就不必對自己承認我不準備做，用這種方式比較容易自我接受。」當你面臨必須做自己不樂見或很困難的事時，這是個不甚合理但很便於使用的推論方式。

如果你現在是以某種方式生活，卻說將來你要以另一種方式生活，這種拖延都是空洞的。你只是個老是拖延，從不會把事情做好的人。

當然，拖延有程度之別。有些人可能把事情拖到某個時候，然後又趕在期限之前完成。這也是一種常見的自欺方式。如果你讓自己只有少之又少的時間動手，那麼你就可以對自己說「我根本不夠時間」，藉此為草率的結果或是不夠出色的成績辯護。其實你有大把的時間。你知道有些大忙人都能把事情做好，但如果你把時間花在抱怨有多少差事要做（其實是拖延），當下就沒有時間做事了。

我曾有位同事是拖延專家，他老是忙著找生意，而且一直說他有好多事要做。當他滔滔不絕地說話時，別人光是想像他的生活步調就感到厭煩。但是仔細觀察，就會發現他實際上說得多、做得少。他心裡有無數個計畫，卻從不認真執行。我想，他每晚睡覺前一定騙自己，向自己保證，明天會把事情完成。如果不這樣自欺，他怎麼入睡？他也可能知道自己不會做，但只要他發誓他會做，他就可以在當下高枕無憂了。

一般人未必是人如其言。要看一個人是怎麼樣的人，觀其行比聽其言更準確。你現在的所作所為，是你為人的唯一指標。愛默生說：

> 你什麼都不用說。你是什麼樣的人，此刻顯而易見，比你說的更清楚，所以我沒辦法聽你說的反面之詞。

下次，當你明知自己不會去做某件事，卻又說會把它做好時，要記住這些話，這些話是解決拖延的良方。

批評者與實行者

把拖延當作生活方式，是你用來逃避做事的一種技巧，不做事的人通常是會批評的人，也就是袖手旁觀、看別人做，然後還冷靜地談論對方做得如何的人。做個批評者很容易，但做實行者需要努力、冒險與改變。

我們的文化中充斥著批評的人，我們甚至花錢去聽他們批評。

觀察你自己與周遭的人，注意一下有多少社交活動是用在批評上。為什麼？因為談論別人表現如何，顯然比自己動手去做容易得多。注意那些真正的冠軍，也就是長期維持卓越水準的人物，例如前美國職棒全壘打王亨利．阿倫（Henry Aaron）、美國著名節目主持人約翰尼．卡森（Johnny Carson）、前世界西洋棋冠軍鮑比．費雪（Bobby Fisher）、美國國寶級電影女演員凱薩琳．赫本（Katharine Hepburn）、史上首位黑人重量級拳王喬．路易斯（Joe Louise）等。最高水準的實行者，各個項目的冠軍，他們有整天閒坐著砲轟別人嗎？世上真正的實行者沒有時間批評別人，他們忙得不可開交，有太多事要做。他們會幫助那些能力不足的人，而非批評他們。

建設性的批評可能有用，但如果你選擇扮演觀察者、而非實行者，你就不會成長。此外，你可能用批評來赦免自己，讓自己不必為欠缺效率負責，並將責任推給真正努力做事的人。你可以學著不去理會那些挑剔者與自封為批評家的人，你的第一項策略，是承認自己也有同樣的行為，並下定決心徹底排除它們，這樣你就會是實行者，而非只會拖延的批評者。

無聊是拖延的產物

生活永遠不會無聊，但有些人卻選擇感到無聊，無聊代表你無法以滿足自我的方式運用當下。無聊是一種選擇，是你自找的，無聊也是對自己不利的另一種行為，但你可以把它從生活中排除。當你拖延時，你把當下用在無所事事上，而不是去做事，自然就導致無聊。一般人往往將無聊歸咎於環境，比方說「這個小鎮真是沈悶乏味」或是「那個演講人講得很枯燥」。這個小鎮或演講人永遠不會沈悶乏味，是你自己感到無聊。在那個時候，你可以動點腦筋和精力做其他事情，以消除沈悶無聊。

英國作家塞繆爾．巴特勒（Samuel Butler）說：「讓自己感到沈悶無聊的人，甚至比令人覺得沈悶無聊的人更討厭。」現在就去做你選擇要做的事，或者，現在就用充滿創意的新方式動動腦，這樣你就可以確保，你再也不會自己選擇沈悶無聊了。一如既往，抉擇操之在你。

典型的拖延行為

以下幾種狀況，選擇拖延遠比選擇行動來得容易。

- 持續做你覺得自己被卡住，無法成長的工作。
- 維持已經惡化的關係。維持婚姻（或不婚），只是期待情形會改善。
- 不解決關係中的各種困難，例如性的問題、害羞或恐懼症，只是等問題自行改善，卻不試著採取建設性的行動。
- 不處理酗酒、吸毒、濫用藥物或抽菸等成癮問題，只說「我準備好了就會戒掉」。但你心裡知道這是在拖延，因為你懷疑自己做不到。
- 遲遲不做困難或卑微的工作，例如清掃、修理、縫紉、除草、油漆等。你會似乎真的在乎它們是否能完成，但你覺得如果等久一點，這些事自然會自己完成。

・避免與權威人物、朋友、情人、銷售員或服務員對立，就算這種對立可能改善關係或服務，你還是只是等著大事化小，小事化無，到最後什麼也不做。

・害怕遷居。可能一輩子都住在同一個地方。

・推拖不肯花一天或甚至一小時與孩子共處，因為你有太多工作，或是有要事無法分身。同樣地，不肯跟所愛的人外出吃晚餐或看電影、球賽，永遠用「我很忙」為藉口拖延。

・決定明天或下週開始節食。拖延比開始做容易，所以你說：「我明天再開始。」結果那一天當然永遠不會來到。

・把想睡覺或疲倦當作拖延的理由，你有沒有注意到，當你要做自己不喜歡做或困難的事時，你有多疲倦？一點點疲倦就可以變成絕佳的拖延工具。

・面臨令人不安或棘手的工作時，就變得病懨懨的。「身體這麼不舒服，怎麼可能現在做這件事？」就像上述的倦怠一樣，不舒服也是一種拖延技巧。

・「我沒有時間做」策略，利用這種策略，辯稱你不想做某件事是因為工作已經滿檔，但你的工作排程總是有空間容納你真正想做的事。

・經常期盼假期或夢幻之旅。明年你也許會找到涅槃境界。

・愛批評人，用批評別人來掩飾自己不做的事實。
・懷疑身體有毛病時，不肯體檢，認為只要拖延，就不必面對可能有病的事實。
・不敢對你喜歡的人採取行動。其實你很想行動，但你寧可等待，希望事情自然迎刃而解。
・生活中隨時都感到煩悶，這只是一種拖延方式，把煩悶當作不嘗試更刺激事物的理由。
・訂定規律的運動計畫，但從不實行。「我馬上開始……下週吧。」
・完全為了孩子而生活，總是把自己的快樂擱在一旁。心裡老想著，我們要操心孩子的教育問題，哪裡能夠去渡假？

繼續拖延下去的理由

拖延的託詞，是由一分自欺、兩分逃避構成的，以下是讓你持續拖延的最重要心理效益。

・最明顯的是，拖延讓你能夠逃避不愉快的活動，其中有些可能是你不敢做，或是有點想做又有點不想做的。記住，沒有什麼事是黑白分明的。

・可能自欺會讓你心安。自欺可以讓你不用承認自己現在不是「實行者」。
・只要繼續拖延，就能夠永遠保持原狀，也因此能夠排除改變以及一切隨改變而來的風險。
・若感到煩悶就可以將自己的不快樂歸咎於別人或別件事，進而把責任從自己轉移到令人厭煩的活動上。
・做個批評者，就可以藉著犧牲別人來感受自己的重要性。這種方法讓你利用其他人的表現，做為提升你在自己心中地位的踏腳石。這也是自欺。
・等待事情好轉，這樣你就可以把自己的不快樂歸咎於這個世界，因為事情似乎從未為你有所突破。這也是不做事的一個好策略。
・避免參加一切有風險的活動，藉此避免失敗。這樣一來，你就永遠不必面對自我懷疑。
・希望會發生某事（這是耶誕老人式的幻想），使你能夠回到安全而且受保護的童年時期。
・為沒有做你希望做的事而焦急，這樣能夠贏得別人的同情，同時也為自己感到遺憾。
・如果你拖延很久，最後只剩少得可憐的時間去做，你就可以為自己低劣或是令人難以接受的表現找到藉口。「但我就是不夠時間做。」
・拖延，或許就能找別人幫你做，因此，拖延變成操縱別人的方法。

・拖延讓你能欺騙自己是什麼樣的人，而不是現在真實的樣子。
・不做事就可以避免成功，不成功就可以不必自鳴得意，也不必接受隨著成功而來的一切持續的責任。

你已經對你拖延的原因有了一些了解，現在可以開始著手排除這個對自己有害的誤區了。

排除拖延行為的一些技巧

・下定決心，一次只好好活五分鐘，不要想長期的工作，只想現在，試著利用五分鐘做你想做的事，不要拖延任何能為你帶來滿足的事。
・坐下來動手做你一直拖延的事。開始寫一封信或一本書，你會發現，拖延其實是不必要的，因為一旦你放棄拖延的習慣，你很可能會覺得，這個工作令人愉快。只要有了開端，就會幫助你排除對整個計畫的焦慮。
・自問：「如果我開始進行現在拖著沒做的事，最糟的結果是什麼？」答案通常太過微不足道，這樣可能會刺激你展開行動。評估一下你的恐懼，就會發現再也沒有拖延的理由。

・給自己一個指定時段（例如週三晚上十點到十點十五分），全心做你一直拖延沒做的工作。你會發現，用十五分鐘全心投入，往往足以幫你克服拖延的障礙。

・把自己想成是非常重要的人，不能因為要做的事還沒做而生活在焦慮中。所以下一次你知道自己因為拖延而不安時，就要提醒自己，愛自己的人不會用「拖延」這種方式自我傷害。

・仔細檢視你的現在，確定你現在在逃避什麼，並開始處理對高效益生活的恐懼。拖延是用「對未來事情的焦慮」來代替「現在」。如果事情變成「現在」，那麼按照定義，焦慮一定會消失。

・戒菸……現在就戒！開始節食……現在開始！戒酒……從這秒開始。放下這本書，做三個伏地挺身，當作運動計畫的開始。這就是處理問題的方法……現在就做！展開行動！唯一阻礙你的就是你自己，以及你自己所做的神經質選擇，因為你不相信你真是那麼強。多簡單啊……只要做就對了！

・在讓你之前覺得厭煩的環境中，開始動腦發揮創意。在會議上，提出確切的疑問，改變沈悶的氣氛，或是以令人興奮的方式，把心思轉到別處，例如寫一首詩，或是倒背二十五個數字，純粹為了訓練自己的記憶力。下定決心不要再感到煩悶。

・當有人開始批評你時，問對方：「你認為我現在需要批評嗎？」或者，當你發現自己也批評別人時，問你的同伴是否願意聽你批評別人，如果他表示願意，問他原因。這有助於幫你從批評者轉移到實行者的行列。

・仔細檢視你的人生。如果你只剩六個月壽命，你是不是正在做你選擇要做的事？如果不是，你最好立刻開始做，因為那是你僅有的時間。如果時間是無限的，三十年或六個月就沒有差別，但你的人生只是滄海一粟，拖延是毫無意義的。

・提起勇氣去做你一直在逃避的事，一次有勇氣的行為可以排除所有的恐懼。別告訴自己一定要做好，提醒自己，實際去做更為重要。

・下決心在上床就寢之前不要覺得疲倦。不要讓自己用疲勞、生病為由來逃避或拖延某事。你可能會發現，當你不再以身體為藉口逃避工作時，你身體的問題就「神奇地」消失了。

・將「希望」、「但願」、「也許」等字眼從你的用語中排除。這些都是拖延的工具，如果你發現這些字眼又悄悄出現，就立刻用別的句子代替。例如，把「我希望事情會解決」換成「我會讓事情解決」，把「但願事情會改善」換成「我準備做下列事情，以確保自己覺得好些」，把「也許會一切順利」換成「我會讓事情順利」。

• 記錄你自己抱怨或批評的行為。藉著把這些行為寫下來，你會看到自己的生活中存在哪些批評行為，包括頻率、型態，以及相關的人與事。你也會阻止自己批評，因為要把這些行為記錄到日誌中，是很痛苦的。

• 如果你拖延的事牽涉到別人（例如某項行動、性的問題、新工作），那就要和所有相關的人談談，問他們的意見。要有勇氣談論自己的恐懼，看看拖延的理由是否只是你一廂情願的想法。尋求好友協助解決拖延問題，讓這項行動成為一種共同的努力，因為找人分攤隨拖延而來的焦慮，大部分的焦慮感很快就會消散。

• 和你所愛的人寫下一份契約書，在契約書裡，你會履行你想要兌現但可能一直拖延的諾言。雙方各執一份契約副本，並約定不履行契約的罰則。不管事關球賽，外出吃晚飯、度假或是看電影，你將會發現這種策略很有幫助，而且使人獲益匪淺，因為你參與了自己也覺得很有趣的活動。

如果你想讓世界改變，不要光是抱怨，要做點事。拖延總是會帶來各種焦慮令人停滯不前，別把你的當下耗費在這種焦慮上，要控制這種危險的誤區，就要活在當下！當個實行者，不要當個但願、希望、或批評者。

第10章 宣布獨立

在任何關係裡，兩人「合為一體」，到最後仍然是兩人「各占一半」。

脫離心理上的安樂窩，是生活中的苦差事之一。依賴就像毒蛇，以許許多多的方式侵入生活。許多人會從別人的依賴心理獲得好處，所以要完全排除依賴心就更加困難。心理上的獨立，意思是完全擺脫所有義務關係，行為不受人指揮；也就是說，如果義務關係不存在，你就不必去做你原本不會選擇去做的事。離巢特別困難，因為社會教我們要在一些特別的關係中實現某些期望，這些關係包括父母、子女、權威人物，以及我們所愛的人。

離巢是指做你自己，自力更生，並選擇你想要的行為，但不是指斷絕任何關係。如果你喜歡自己和別人的互動方式，而且這種方式不會干擾你自己的目標，當然你可以珍惜而非改變它。心理上的依賴指的是當你處在沒有選擇餘地的關係中，你有義務成為你不想成為的樣子，而且你憎惡自己被迫採取的行事方式，這也是本章這種誤區的主要內容，類似第三章討論的尋求認可行為。如果你想要某種關係，那不算不健康，但如果你需要或被迫接受這種關係，隨後又感到憎惡，那麼你就是處在對自己不利的誤區了。因此，問題出在義務，而非關係的本身。義務產生內疚與依賴，選擇則是培育愛與獨立。心理上的依賴關係並沒有選擇可言，因此，這類聯結裡總會有憤怒與反感存在。

心理上獨立，就不需要別人。我不是說「不想要」別人，而是說「不需要」別人。無欲則剛，一有需要，就會變得脆弱，淪為奴隸。如果你需要的人離你而去、改變心意，或過世，那時你必然會被迫停滯不前、崩潰，甚至死亡。但社會教導我們在心理上必須依賴父母，以及之後遇到的許多人，你在許多重要關係上，可能仍像幼鳥一樣張大嘴巴，等著蟲子吃。只要你覺得你必須做某件事，只因為在某項特殊關係中，別人預期你會去做，而你做了，心裡感到憎恨；不做，心理又會感到內疚，那麼你就可以認定自己還有待努力，才能夠排除這個誤區。

排除心理依賴，要從家庭開始，從你小時候你父母對待你的方式，以及現在你對待自己孩子的方式開始。你今天的腦中有多少心理依賴句？其中有多少句你會用在你孩子身上？

養兒育女和家庭的依賴陷阱

之前華特・迪士尼（Walt Disney）拍過一部名為「棕熊鄉村」（Bear Country）的影片，跟拍熊媽媽和兩隻剛出生的熊寶寶頭幾個月的生活。熊媽媽教熊寶寶捕獵、抓魚和爬樹，教牠們遇到危險時如何自保。有一天，熊媽媽出於本能，決定該是離開的時候了。牠強迫小熊爬上一棵樹，然後甚至頭也不回地離開了，而且是永遠離開！在熊媽媽心中，牠已經完成母親的責任，牠並沒有操縱牠們，要牠們每隔一個週日就來探望牠。牠不會指責孩子忘恩負義，或是揚言如果孩子讓牠失望，牠就會精神崩潰，牠只是讓牠們離去。在動物世界裡，父母的責任是教導後代獨立的必要技能，然後就離開。至於我們人類，獨立的本能仍然相同，但是擁有孩子以及仰賴孩子生活的神經質需要，似乎取代那種本能。而扶養孩子獨立成人的目標，則變成養兒防老的觀念。

你對你的孩子有何期望？你希望他們有高度的自尊心和自信心、沒有精神問題、滿足而快樂嗎？你當然希望如此。但你如何協助他們得到這個結果？只有靠以身作則才行。孩子們會向他們心中的模範人物學習，如果你的生活中充滿內疚與不滿，卻又告訴孩子不要這樣，那你就像是在推銷瑕疵品。如果你表現得自卑，你就是在教孩子採同樣的態度。更重要的是，如果你讓孩子變得比你自己重要，你不是在幫他們，而是在教他們，雖然心中始終感到不滿，但仍要事事讓別人優先，自己退居其次。諷刺的是：你無法給你的孩子自信，只有透過看到你是以這種方式生活，孩子才可能學到自信。只有以對待最重要的人的心情對待自己，而且不要總是為了孩子犧牲自己，你才能教導孩子擁有自信，信任自己。如果你是個犧牲者，你就是在建立犧牲行為的模式，犧牲行為意味著什麼？就是事事讓別人優先、不喜歡自己、尋求認可和其他的錯誤行為。為別人做事有時值得讚賞，但如果是以犧牲自己為代價，那麼你只是在教給別人同樣孵育憤恨的行為。

孩子從一開始就想自己做事。「我可以自己做！」「媽咪，看我，我不用別人幫忙。」「我會自己吃。」這些信號不斷傳來，雖然孩子幼年時期相當依賴，但也幾乎一出生就有明顯的獨立自主傾向。

羅珊四歲時，每次受傷害或需要情感支持時，總是會找爸爸媽媽。她到八歲、十歲時，還是會找父母傾訴心事。雖然這時她希望別人把她當作大女孩（「我會縫自己的衣服鈕扣！」），但她也希望有父母的關愛支持（「媽，你看，我擦傷膝蓋，流血了」）。透過父母及生活中其他重要人物的看法，她的自我概念開始發展。轉眼間，羅珊十四歲了。有一天，她因為跟男友吵架，哭著回家，跑進臥房時，砰一聲把門關上。媽媽進來，以一貫關愛的態度要跟她談談，但她卻用堅決的語氣說：「我不想談這件事，讓我一個人靜靜。」這一幕證明羅珊媽媽是教女有方的母親，因為總是會跟她討論問題的小羅珊，現在正自行處理所遇到的問題（情緒上的獨立）。但媽媽不了解這一點，所以感到難過。她不打算放手，不準備讓羅珊用她自己獨立的方式解決問題。她仍然把羅珊看成小寶貝。如果媽媽堅持一定要談談，也許羅珊會很生氣。

孩子離巢的欲望很強烈，但是當「擁有」和「犧牲」成為家庭機器的潤滑劑，原本很自然的離巢行為就變成一種危機。在心理健全的氣氛中離巢，既不會發生危機，也不會造成混亂，而是高效益生活的自然結果。但如果「內疚」與「害怕失望」影響了離巢，這些情緒會持續一輩子，有時甚至使婚姻關係也變成一種親子關係，而不是立足點平等的兩個人。

那麼，你教養子女的目標是什麼？或是你與自己父母找出一種有效當下關係的目標又是什麼？當然，在孩子發展的過程中，家庭是一個重要的單位，但不應該是永久的單位。當家中各個成員邁向情緒獨立時，家庭不應該是內疚與神經質心理的媒介。你可能聽過有些父母這樣說：「我有權要我的孩子照我選擇的方式去做。」但這種控制態度的後果是什麼？孩子長大時，會感到憎恨、生氣，以及受挫的內疚。當你檢視有效的親子關係時，你會發現關係中既沒有要求也沒有附帶義務，父母對待子女的方式就像朋友一樣。假如小孩把番茄醬打翻在桌上，父母不會說：「看看你做了什麼，你怎麼這麼笨手笨腳。」而是像對待一個打翻東西的朋友：「要我幫忙嗎？」不因為擁有孩子而辱罵孩子，而是尊重孩子的自尊。你也會發現，有效益的父母會培養孩子的獨立性而非依賴性，而且不會因為孩子自然而然地要求自主，而大吵大鬧。

注重獨立或注重依賴家庭之間的差異

注重獨立的家庭認為，成員走向獨立自主是正常現象，而非向任何人的權威挑戰。這種家庭不強調依附和需要，同時也不要求孩子因為身為家中一員就必須永遠忠誠。結果，家庭成員聚在一起，是因為想要相聚，而非覺得有義務如此。這種家庭也尊重個人隱私權，不要求凡事都必須分享。在這種家庭中，婦女除了身兼母親與妻子之外，還擁有自己的生活，她會過著有效益的生活，成為孩子的表率，而非為了孩子生活。父母親會覺得自己的快樂最重要，因為只要自己不快樂，家庭就沒有和諧可言，因此父母偶爾可以單獨外出，不會覺得一定要為了孩子待在家中。母親不是奴隸，因為她不希望自己的孩子（特別是女兒）將來變成那樣，她自己也不想變成那樣。她會覺得她不必為了孩子的每一項需求而陪在一旁，她認為，如果她能在這世界上與男性站在平等的立足點，實現自我，並對家庭、社區和文化有所貢獻，她會更加珍惜自己的孩子，孩子也會更珍惜她。

在這種家庭中，不會以內疚或威脅為手段，微妙地操縱孩子，使他們持續依賴，或要孩子對父母負責。孩子長大後，父母不希望孩子是出於義務才探望他們，何況父母也忙於以自己的方式過有效益的生活，絕不會坐等子女與孫兒們現身，好給他們一個活下去的理由。這樣的父母會認為不應該讓孩子避免父母以前受過的苦，因為他們認清，辛苦工作可以帶給他們自信與自尊。他們不想剝奪孩子這種寶貴的經驗。

這些父母會認為，孩子想自行闖蕩奮鬥，想得到慈愛父母的協助而非壓制，這種欲望很健康，他們不會予以否決。德國作家赫曼．赫塞在《徬徨少年時》中談到通往獨立的各種途徑：

> 每個人遲早都要踏出與父親、良師分離的那一步；每個人必定都有殘酷的孤獨經驗……，我自己未曾在激烈的奮鬥中離開父母與他們的世界，那「明亮」的世界，但後來

漸漸地，幾乎還是不知不覺地疏離了。我對事情如此發展感到難過，在我回家時，這種情況造成許多不愉快的時刻。

如果你能妥善處理脫離父母的獨立行動，每次回家都將會是歡喜的經驗。如果你以身作則，教你孩子了解自豪與自我價值，他們離巢時，就不會反過來讓所有相關人員緊張與混亂。桃樂絲．費雪（Dorothy Canfield Fisher）在《她的媳婦》（*Her Son's Wife*）一書中做了絕佳的總結：

母親的作用不是讓人依賴，而是讓人不必依賴。

所以，你可以使孩子離巢成為一件自然的事，也可以使它成為充滿創傷、永遠困擾孩子、影響親子關係的事。但你也曾是個孩子，如果你當時學會心理依賴，那麼你結婚後，或許也複製這種依賴的親子關係。

心理依賴與婚姻危機

你可能已排除對父母的依賴，與自己孩子的關係也控制得很好，也許你認清孩子需要獨立，而且也鼓勵他們獨立。但是你的生活中還是有依賴問題。如果你脫離了與父母的依賴關係，結婚後又進入另一種依賴關係，那你就有必須擺脫的誤區。

美國詩人及劇作家路易士．安斯帕契（Louis Anspacher）談到美國的婚姻：

> 婚姻是男女之間的關係，在這種關係中，男女同樣獨立、相互依賴，並且互有義務。

這裡有兩個醜陋的字眼，亦即依賴與義務，它們說明了美國婚姻的狀況與離婚率。顯而易見的是，大部分人都不喜歡婚姻，他們可能容忍也可能擺脫婚姻，但心理上的創傷仍在。

如前面所說，以愛為基礎的關係，是讓對方成為他自己選擇要成為的樣子，沒有期望也沒有要求，只是彼此相愛的兩個人單純的結合。正由於彼此相愛，任一方都不會期望對方成為他自己不想成為的樣子。婚姻是以獨立而非依賴為基礎的結合，但在我們的文化中，這種關係相當罕見，幾乎形同神話。想像你與所愛的人結合，雙方可以隨心所欲做自己想做的人，然後再看看現在大部分關係的實際情況，看看那種可怕的依賴如何偷偷潛入、搞砸雙方的關係。

典型的婚姻

大部分婚姻是由一根「主」與「從」的線串起，雖然視婚姻的狀況而異，角色可能更換；但這根線一直存在。一方支配另一方是婚姻連結的一種狀況。下面我們虛構了一對夫妻，以說明典型的婚姻歷程及其心理危機點。

結婚時，男方二十三歲，女方二十歲。男方的教育程度較高，有份能賺錢養家又有好名聲的職務，女方的工作是秘書、職員，或是主要由女性從事的職業，如老師、護士等。婚後，太太的所得只是補貼家用，等一當了母親工作就辭掉了。婚後四年，育有兩、三個小孩，太太是家庭主婦與母親，扮演的角色是管理家務，相夫教子。從工作的角度來看，她的地位是管理這個家，從心理上看，她居於從屬地位。丈夫的工作變得更加重要，主要是因為要靠他賺錢養家。他的成功就是太太的成功，他交往的人就是他們的朋友。他在家裡的地位提高，太太扮演的角色通常是盡可能讓他生活舒適。太太大部分時間都花在照顧孩子，或是和那些落入相同心理陷阱的鄰居太太串門子。她丈夫在工作上碰到的危機，就變成她的危機。一般來說，任何客觀的旁觀者都可看出，這種安排有主從兩種角色。太太接受而且可能也尋求這種關係，因為那是她一直以來熟知的方式。她的婚姻就是仿照她父母的婚姻和她成長過程中看到的他人婚姻。她對丈夫的依賴，往往只是取代了以往她對父母的依賴。而丈夫同樣希望太太輕聲細語、溫柔體貼，好加強「他是家中經濟支柱、腦筋最棒」的事實。因此，兩人都得到自己所尋求的，他們的婚姻也符合生活中所見到的婚姻面貌。

經過幾年，也許經過四到七年，婚姻危機開始爆發。因為一直未能做出重大貢獻，從屬的一方開始覺得被困住、不受重視且不滿。丈夫鼓勵太太做自己想做的人，更自信，並且主宰自己的人生，不要自憐自艾。這些訊息跟他當初結婚時所希望的，首次產生衝突。「如果你想出去工作，為什麼不去找工作？」或「可以回到學校再念書呀！」他鼓勵她尋找新出路，不要這樣軟弱傷感。簡而言之，就是要變得跟剛結婚時不同，不要老是服從和顧念家裡。直到目前為止，太太一直覺得，丈夫的任何不快樂都是她的錯。「我是哪裡出錯了？」如果他不快樂或沮喪，她就覺得是自己有所不足，或者不像以前那麼具有吸引力。從屬的一方訴諸於自己服從的心態，並將所有與男方的問題都投射到她的自我中。

在這段期間，男方全心投入在職務晉升、社交活動及事業奮鬥上。他力爭上游，整天哭哭啼啼的妻子是他不能忍受的。因為他有很多機會面對許多不同的人（他順從的另一半就沒這種機會），他逐漸改變，甚至更有主張，要求更高，而且不能忍受別人的軟弱，包括他的家人。因此，他常告誡他順從的太太要「振作起來」。這個時候，丈夫也可能找尋婚姻之外的性刺激。他有很多機會尋找更令人興奮的女人作伴。有時候，從屬的一方也開始有自己的一些嘗試，她可能去做志工，回學校上課、尋求心理治療，或者也跟著搞外遇，這些事情大多獲得丈夫熱烈的支持。

也許從屬的一方會開始重新檢視自己的行為。她將她的順從視為自己為生命所做的選擇，而非是為了婚姻的選擇。現在她尋求認可的行為已受到挑戰，她開始排除她世界中的一切依賴，包括對父母、丈夫、朋友，甚至對孩子的依賴，藉此讓自己為自己負更大的責任。她開始獲得自信，可能找到工作，交新朋友，開始對抗居於主導地位的丈夫，也不願再承受婚後就開始的所有辱罵。她要求平等，不再滿足於等待對方給予平等，並且主動爭取。她堅持家事應該夫妻分擔，包括照顧孩子在內。

妻子這種獨立的新行為，以及從外控思考轉變為內控思考的想法，不易為丈夫所接受。丈夫覺得備受威脅，當他沒辦法承受這種情況時，便開始感到焦慮。即使丈夫鼓勵妻子多多往外走並為自己著想，但他最不需要的就是一個傲慢自負的妻子，也不希望製造出一個怪物，尤其不希望對方挑戰他既有的優越。他可能以高度的主導權對此做出反應，這種方法過去一直可以讓他順從的伴侶安分守己。他看到太太把她自己大部分薪水付給保母，就抗議說她外出工作太荒謬；他指出，她認為自己受不平等待遇，這種觀念不合邏輯，事實上，丈夫是想引發她的內疚。「你根本不用出去做事，卻偏要去，你只要管好家裡，照顧孩子就行了。」丈夫會試圖引發太太的罪惡感：「孩子會受苦。」「我不能看著事情這麼惡化下去。」也許他威脅要和太太離婚，或是用最後一招，也就是自殺，這招通常很管用。太太可能會想：「哇！我差點把事情搞砸了。」並因此恢復原來順從的角色，這一劑關於主導權的猛藥的確提醒了她自己的地位。但如果她拒絕退回原位，婚姻或許就岌岌可危了。

無論如何，婚姻危機確實存在。如果太太堅持以自立代替原來的服從，需要有人可支配的丈夫可能另娶，找更年輕、會敬畏、崇拜他的女人，成為他可以向人炫耀的新歡。但從另一方面來看，這樁婚姻也可能度過危機，並且發生有趣的改變。主從的線仍然貫穿這樁婚姻，因為這是雙方都了解的唯一婚姻形式。丈夫往往會因為害怕失去自己至愛或至少仰賴的事物，而接受從屬的角色，他待在家裡的時間增加，更親近孩子（基於先前疏忽孩子所產生的罪惡感），他可能會對太太說「你不再需要我了」或是「你變了，你不再是當年跟我結婚的那個女孩，我不確定是否喜歡新的你。」他可能會開始酗酒，或因為需要能再支配太太，或需要重拾自己失去已久的優越感，而變得自憐自艾。太太現在有了事業，或正朝著這個目標發展；她有自己的朋友圈，也在培養自己對外的興趣。也許她有外遇，以示報復，但至少她因為自己的成就受到稱讚和恭維，感到自得。不過主從之線仍然存在，危機迫在眉睫。只要一方必須比另一方重要，或是是對離婚的恐懼將兩人維繫在一起，依賴就仍然是這樁婚姻的基石。支配的一方，無論是男方或女方，都不滿自己成為配偶的奴隸，這樁婚姻在法律上可能仍然有效，但兩人之間的愛情或溝通已受破壞。現在離婚很普遍，如果不離婚，兩人就會各行其是，貌合神離——沒有性愛、分居，溝通的形式是相互貶抑而非相互了解。

如果雙方決定重新評估自己及雙方的關係，結論也可能不同。如果雙方都致力擺脫誤區，而且讓對方能夠選擇實現自我，從那種角度來愛對方，這樁婚姻就會更繁盛成長。兩個自立自主的人彼此關懷，培養獨立性而非依賴性，但又能有福同享，這種婚姻會有令人興奮的前景。

相反地，如果兩個人試圖合為一體，或一方試著以任何方式支配對方，就會引燃對方內心的火花，起而保衛最重要的人類需求，也就是獨立。

婚姻長久並不表示婚姻成功。許多人維持婚姻，是出於對未知的恐懼，或是懶得改變現狀，或純粹因為別無選擇。在成功的婚姻中，雙方真誠相愛，願意讓對方選擇他自己想做的，而不是支配對方，彼此都不會替對方思考和發言，不會一直煩擾對方，更不該要求對方做應該要做的事情。依賴是幸福婚姻天堂中的毒蛇，造成主／從型態，最後摧毀了婚姻關係。這個誤區可以清除，但絕不是場好打的仗，因為攸關權力與控制，幾乎沒有人願意不戰而敗。最重要的是，依賴不應該和愛混為一談。兩人在一起，給彼此保留一些空間，反而更能鞏固婚姻。

你教別人如何對待你，別人就那樣對待你

依賴並不是只有跟跋扈的人在一起才會發生的事。正如所有的誤區行為一樣，它是一種選擇，是你教別人支配你，教別人照他過去待你的方式待你。有很多策略可以維持支配的過程，只有當這些策略管用時，對方才會一再運用。如果這些策略使你就範，使你在婚姻關係中居於

依賴地位，它們就有效。以下是婚姻中維持支配與控制地位的一些常見策略。

- 大吼大叫，提高嗓門講話。如果你個性溫和，想息事寧人，這種策略通常會使你就範。
- 威脅行為，例如「我要走，我要離婚。」
- 引起內疚。「你無權……」「我真不明白你怎麼會做這種事。」如果內疚會使你困擾難安，這種說詞就能使你持續「屈從」。
- 利用生氣和暴烈的行為，例如摔東西、咒罵、敲打東西。
- 稱病。如果一方不照對方的要求去做，對方就會聲稱心臟病發作、頭痛、背痛等等。如果對方身體不舒服，你就聽命行事，這就是教對方這樣對你，用這個辦法操縱你。
- 沈默以對。不發一語和故意生悶氣，是用來讓對方聽命行事的最佳策略。
- 眼淚攻勢。哭泣可使對方內疚。
- 離開現場。光是站起來走出去，就是操縱對方作出或不作出某種行為的好辦法。
- 說「你不愛我」或「你不了解我」之類的話，往往可以通行無阻，維持雙方關係中的依賴。

・威脅自殺。「如果你不照我的話做，我就一死了之」，或「如果你離開我，我就不要活了。」

以上這些都是在婚姻中要對方照自己意思行事的方法，如果奏效，才會有人加以運用。如果對方不為所動，出招的人就不會繼續用這些計謀。只有當一方對這些計謀有反應，另一方才會習慣運用它們。如果你的反應都是適當服從，你就是在教對方，你會容忍這些。

如果你忍受對方的頤指氣使，你就是在示意要對方如此做。你可以學習教導別人以你希望受對待的方式對待你。這需要耗費時間和心力，因為要花很多時間告訴別人，你希望受到何種對待。但不論是在工作上、家裡，餐廳、公車上或任何地方，當你受到惡劣的對待時，都可以作出改變。不要說：「為什麼你不對我好一點？」要開始說：「我是怎麼做讓別人這樣對我的？」把焦點放在自己身上，開始改變這些反應。

常見的依賴與助長依賴行為

- 覺得無法離巢獨立，或者雖然離巢獨立，但雙方都感到難過。
- 覺得需要或有義務去拜訪、打電話、取悅人、為人開車等。
- 任何事都徵求配偶同意，包括花錢、發言的權利，或使用車子等。
- 侵犯隱私，例如翻孩子的抽屜與私密記事。
- 說些諸如以下的話：「我永遠沒辦法告訴他我的感覺，他不會喜歡聽。」
- 所愛的人過世後，陷入沮喪，無法自拔。
- 死守著某項特定工作，從不自行向外冒險。
- 對配偶、父母或孩子應該如何行事抱有期望。
- 因孩子、配偶或父母的行為而尷尬，就好像他們是你的一部分。
- 一輩子都在為某項工作或職務受訓，永遠無法脫離訓練階段，無法自立自主。
- 因為別人的話語、感覺、想法或做法而受傷害。
- 伴侶感到快樂或成功，你才感到快樂或成功。

- 接受某人的命令。
- 讓別人為你做決定，或者總是在做決定之前徵求別人的建議。
- 「你虧欠了我，看我為你做了多少事。」義務是伴隨著依賴而來的。
- 不在父母或支配你的人面前做他們不贊同的事。因為你從屬的角色，你不抽菸、不喝酒、不咒罵、不吃熱牛奶巧克力、聖代等食物。
- 所愛的人去世或得了重病，就放棄你自己的生活。
- 在支配你的人面前謹言慎行，以免他對你失望生氣。
- 總是掩飾自己的行為，或是扭曲事實，這樣別人就不會對你生氣失望。

依賴的心理效益

保持這種「自我阻撓」行為的理由並不太複雜。你可能知道依賴者的心理原因，但你知道它們的破壞力如何嗎？依賴可能看來沒有害處，但它是一切快樂與滿足的敵人。以下是你處於依賴狀況下較普遍的好處：

- 依賴他人，使你習慣被人保護，像小孩一樣不必為自己的行為負責。
- 處於依賴狀態，就可以把你的缺點歸咎於別人。
- 依賴別人，就不必做困難的工作以及冒著改變的風險。依賴那些為你負起責任的人，你就安全無虞。
- 討好別人可以讓自己感覺良好。你知道做得好就可以取悅媽媽，所以現在有許多象徵性的「媽媽」在操縱你。
- 你表現得不獨斷，就可以避免自己選擇造成的內疚。表現得體往往比學會排除內疚容易。
- 你不需要自己做選擇或決定，凡事仿傚父母、配偶或你依賴的人，只要跟他們一樣，你就不需要費心去決定自己的想法或感受。
- 當其他事情如火如荼地發展時，做個追隨者比做領導者容易得多。你照別人的指示去做，就可避免麻煩，即使你可能並不喜歡做個追隨者，但比起自己作主所須負起的一切風險，追隨別人還是單純得多。依賴令人不快，因為那使你無法成為完整、能獨立作業的人，但依賴他人確實比較容易。

避免依賴的方法

・寫下你自己的獨立宣言，詳細說明你在所有的關係中想如何運作，不是要排除妥協，而是要排除任何曖昧的操縱。「我，________，為建立更完善的婚姻……。」

・與你覺得在心理上依賴的人談談，宣布你要獨立自主的目標，解釋你出於義務做事時的感受。這是絕佳的敲門磚，因為別人甚至可能不知道你身為依賴者的感受。

・針對如何應付生活中的支配型人物，給自己立下五分鐘的目標。試著說一句「不，我不要」，試試看你這麼說，別人會有何反應。

・在你覺得不受威脅時，跟你的支配型伴侶進行有計畫的會談。在會談中，說明你有時覺得受到操縱，並處於從屬地位，你可以用一個非語言的訊號，讓對方知道你當時的感受，而且你當下不想討論那件事。例如用簡單的拉拉耳朵，或把手指放在嘴上等訊號，來表示你在特定時候有屈從的感覺。

・當你在心理上覺得被人操縱時，向那個人說出你的感受，然後依照你希望行事的方式，付諸行動。

・提醒自己，即使父母、配偶、朋友、上司、孩子及其他人經常不贊同你的行為，也與你是怎樣的人或是做什麼事無關。事實上，在任何關係中，你都會遭到一些反對，如果有心理準備，你就不會因此感到挫折，這樣就能破除許多在情緒上奴役你的依賴關係。

・即使你刻意避開支配型的人（父母、配偶、上司、子女），如果你因為他們而經歷了情感上的停滯不前，那麼即使他們不在，你仍然受到他們的控制。

・如果你覺得你有義務拜訪特定的人，不妨自問，你是否希望他們也因為不得不然而上門拜訪你。若非如此，就請有禮貌地向那些你以這種方式對待的人們把事情講開。也就是說，將邏輯倒轉過來，看看這種義務關係實際上有多麼損及尊嚴。

・下決心擺脫你所扮演的依賴角色，你可以去擔任志工、看書、找保母照顧小孩（即使經濟上負擔不起）、找個待遇不一定很好的工作。為什麼？只因為拾回你的高度自尊值得花費任何金錢或時間。

・堅持無條件的經濟獨立。如果你必須向人要錢，就形同奴隸。要是無法經濟獨立，你可以用一種有創意的方式，自行賺錢。

・放開他們！放開你自己！別發號施令，也不要接受命令！

‧認清你有隱私的需要，不想和別人分享自己一切的感受與體驗。你是獨特且有隱私權的，如果你覺得必須與人分享一切，那你就會沒有選擇，而且當然就是一個依賴者。

‧讓孩子擁有自己的房間。給他一個他能控制的地方，只要符合健康，就讓他決定他想怎麼安排房間。從心理上來說，整理好的床鋪和沒有整理的床鋪一樣健康，即使你學到的正好相反。

‧在宴會上，離開你的伴侶和別人湊熱鬧。不要覺得有責任一直陪著對方。分開行動，等宴會結束時再碰頭，這樣會使你的學習和經驗加倍。

‧若你想看電影，而你的伴侶想打網球，那就各做各的吧！讓自己多獨自行動，這樣你們在一起的時刻會更快樂、更刺激。

‧單獨或是和一些朋友進行短期旅行，不必覺得非得跟在伴侶身邊不可。等你回來時，你會感到更想念伴侶，而且也會更珍視自己的獨立能力。

‧記住，你沒有責任讓別人快樂，別人會使他們自己快樂。因此，你可以真正享受其他人陪伴的快樂，但如果你覺得使他們快樂是你的義務，那你就是個依賴者，當別人情緒低落，你也會跟著沮喪。甚至更糟的是，你會覺得好像是你使他情緒低落。你要為自己的情緒負責，其他人也一樣。除了自己之外，沒有人能控制你的感覺。

• 記住，習慣並不是做任何事的理由。「只因為你一向服從別人」，並不是讓這個現象繼續存在的充分理由。

高效益生活與教養子女之道，乃是獨立；同樣地，有效益婚姻的特點，是盡量減少一體行動、並享有最佳的自主及自立。雖然你可能害怕擺脫依賴關係，但如果你問那些你在情緒上很依賴的人，你將驚奇地發現，他們最讚賞那些能自己思考和行動的人。更諷刺的是，你保持獨立，將獲得最多的尊重，特別是那些極力使你持續受支配的人。

窩巢是個讓孩子發展的好地方，但是離巢自立更加美好，離巢的人和看著他們離巢的人都可以這樣想。

第11章　告別怒氣

生氣的唯一解藥是心裡別想著：「要是你更像我就好了。」

你暴躁易怒嗎？你可能把生氣當成生活的一部分，但你確認沒有利用它達到實用性的目的嗎？也許你用「這只是人性使然」或「如果我不發洩怒氣，日積月累一定會得到潰瘍」等說法，來為你的暴躁行為辯白，但生氣可能是你不滿意自己的部分，不用說，別人也不會喜歡。

生氣並非「只是人性」，你不一定要擁有它，它對於做個快樂、滿足的人毫無幫助。生氣是誤區，是某種心理上的流行性感冒，就像身體疾病一樣，會使你喪失能力。

我們先來界定「生氣」一詞。本章所指的「生氣」，是指沒有達到期望時所經歷的一種停滯反應，表現的形式有憤怒、敵對、攻擊別人，或甚至不發一語地怒視。它不只是惱怒或激怒，關鍵字眼同樣在於「停滯不前」。生氣使人停滯不前，通常是因為希望這個世界與世人不是這樣，才會生氣。

生氣是一種選擇，也是一種習慣，是對挫折所學到的一種反應。生氣時，你會做出寧可沒有做過的事。事實上，嚴重的生氣就幾近於瘋狂，每當你無法控制自己的行為時，你就是瘋狂的。因此，當你生氣而失控時，你等於暫時發瘋。

生氣沒有心理上的補償可言。如同這裡定義的，生氣只會讓人虛弱。在生理方面，生氣會造成高血壓、潰瘍、發疹、心悸、失眠、疲勞和甚至心臟病。在心理方面，生氣會讓愛的關係破裂，干擾溝通，導致內疚與沮喪，而且通常會妨礙你前進。你可能感到懷疑，因為你總是聽人說，發洩怒氣比生悶氣好。沒錯，把氣發出來的確比壓抑來得健康，但更健康的態度是——根本沒有怒氣。如此一來，你就不必面對「該發洩出來還是該壓抑」的兩難困境了。

就像所有的情緒一樣，生氣也是想法的結果，而不單純是件發生在自己身上的事，當局勢發展不符你的期望，你告訴自己，事情不應該那樣（挫折），然後你選擇熟悉的生氣方式回應，以達到某種目的（請見本章稍後的效益部分）。只要你把生氣想成是人性的一部分，你就有理由接受它，而且會避免排除它。

如果你仍然決定生氣，且無論如何都要發洩怒氣時，就用非破壞性的方法，但你要讓自己學習在挫折時採用新的想法，這樣一來，令人停滯不前的怒氣就可由較令人滿足的情緒所取代。苦惱、憤怒、失望，都是你很可能會不斷體驗到的感覺，因為世界永遠不會如你所願，但是「生氣」這種因障礙產生的有害情緒反應，是可以消除的。

你可能會為生氣提出明確理由，因為它有助於你達到目的，但現在讓我們來進一步檢視。如果你認為，提高聲音或顯得很生氣可以阻止你那兩歲大的女兒跑到街上玩耍，避免她受傷，那麼提高聲音是絕佳策略。只有當你真的心煩意亂，面紅耳赤，心跳加快，摔門或把東西丟得砰砰作響，而且通常有一段時間什麼事也做不了，你才算真正動怒。你當然可以使用一些個人策略，藉此強化適當的行為，但不要因此讓自己內心受到傷害。你可以這樣想：「她這種行為對她很危險，我要讓她知道，在街上玩耍是不可以的，我會提高聲音來表明我對這種行為的強烈感覺。但我不會因此而氣瘋。」

想想一個無法掌控生氣方式的典型媽媽吧。孩子一再做出惡劣行為，讓她一直很生氣，而似乎她愈生氣，孩子就愈不聽話。她處罰他們，把他們關進房裡，對他們大吼大叫，處理態度幾乎總是怒氣沖沖。她身為母親，生活就像在打仗一樣。大叫是她唯一知道的對策，經過一整天的作戰，到了晚上，她的情緒極度惡劣。

孩子們知道自己不乖會惹媽媽生氣，為什麼還要做出那種行為？因為生氣的諷刺之處就在於，它從不能夠改變別人，只會加強別人想控制生氣者的欲望。假設這幾個孩子能針對自己的不當行為說出理由，他們的對話很可能如下：

「你現在知道怎麼讓媽咪抓狂了嗎？你只要這樣說或那樣做，就能控制她，並讓她發作一陣子。你可能得待在自己房間裡一會兒，但是看看你得到的結果！花這麼小的代價就可以完全控制她的情緒。既然我們幾乎無法左右她，我們就多做點這種舉動，看她如何因為我們的行為而氣得發狂。」

無論用在任何關係上，生氣幾乎都是鼓勵對方繼續我行我素。雖然挑釁者可能裝得很害怕，但他也明白，只要他想做，隨時都能令對方發火，因此他可以有施展報復的權威，生氣的人也認為自己擁有這種權威。

每當你選擇以生氣回應別人的行為時，你就是不讓對方有權利成為他選擇成為的樣子，你腦子會出現一句神經質的話：「為什麼你不能像我一樣？那樣的話，我現在就會喜歡你，而不會生氣。」但別人絕不會一直是你想要的樣子。大多數時候，人與事都不會照你希望的方向進行，世界就是這樣，照你希望改變的可能性是零。所以，每次你遇到不喜歡的人或事時選擇生氣，就是決定自己會因現實情況受傷害，或某種程度的停滯不前。對永遠不會改變的事情生氣，實在是愚不可及。其實，你可以不用選擇生氣，而是開始理解別人有權和你有不同的偏好。你可能不喜歡那樣，但用不著生氣。生氣只會鼓勵他們繼續我行我素，而且會導致上述的種種生理緊張與心理折磨。選擇權真的在你手上，你可以選擇生氣，也可以對事情提出新想法，協助自己避免動怒。

也許你認為自己的情況正相反，也就是有一肚子悶氣卻忍住不發。你憋住怒氣，從不啟齒，久而久之造成痛苦的內傷，生活裡充滿了當下的焦慮。但這種情形並不表示你與咆哮發怒的人相反，你的腦中同樣想著，這些人與事應該像你期望的那樣。依據你的推論，如果他們是那樣，你就不會生氣了。這是錯誤的邏輯，要將它根除，你才不會緊張。你要學會宣洩被壓抑的怒氣，不要悶在心裡，不過你最終的目標，是要學會以不會產生怒氣的新方式思考。這類內在的想法包括：「如果他想當傻瓜，我不會選擇生氣。做蠢事的是他，不是我。」或是想：「事情沒有按照我認定的方式發展，我雖然不喜歡這樣，但也不會因此讓自己停滯不前。」

第一步是學會用本書所討論的勇敢新行為來抒發怒氣，接著用新的方式思考，幫助你從外在控制轉向心理健康的內在控制，最後一步是不理會別人的行為。你可以學習不讓別人的行為和想法困擾你。重視自己，不要讓別人控制你，這樣你就不會讓當下的怒氣傷害自己。

有幽默感

你不可能同時生氣和歡笑，生氣和歡笑是相互排斥的，你有權選擇其中之一。笑是心靈的陽光，沒有了陽光，萬物皆無法生存或生長。誠如邱吉爾所說：

> 我相信，除非你了解最有趣的事，否則你無法處理世上最嚴肅的事。

你可能太嚴肅看待人生，或許健康的人最顯著的特性就是不帶敵意的幽默感。幫助別人選擇笑看人生，學會退後一步，觀察各種生活情境的不協調處，是紓解憤怒的良方。

從宇宙萬事萬物來看，你做了什麼、是否生氣，結果只會像是向尼加拉大瀑布倒下一杯水一樣，微不足道。不論你選擇歡笑或生氣，都無關緊要——只不過選擇歡笑會使你的當下充滿快樂，而選擇生氣只會讓你把當下浪費在痛苦悲慘中。

你是否太嚴肅看待自己與人生，以致於無法退後一步，看出處世太過嚴肅有多麼荒謬可笑？不笑是一種病態的指標。當你傾向於過度嚴肅看待自己和所做的事情時，提醒自己，現在是你唯一擁有的時刻。如果歡笑的感覺如此美好，為什麼要把當下浪費在生氣上？

為歡笑而歡笑，這就是歡笑的理由。你不必要有理由才笑，儘管笑就對了。觀察在這個瘋狂世界中的自己與別人，然後決定是要常常生氣還是要培養幽默。幽默將送給你自己與別人最無價的禮物之一，那就是歡笑。歡笑的感覺非常好！

憤怒的常見原因

你隨時都可以看到人們生氣。人們會從微慍到暴怒，經歷各種程度的停滯不前，這種例子俯拾皆是。生氣雖然是學習而來的行為，但它就像惡性腫瘤一樣，會滲入各項人際關係中。以下是人們選擇生氣的常見例子。

- 在車子裡生氣。幾乎每一件事都會讓駕駛人對別人開罵。這種氣極敗壞的行為，全都是因為看到別輛車開太快、太慢、不打方向燈、打錯方向燈、變換車道或其他許多錯誤。身為駕駛人，你對於別人應該怎麼開車有一套定見，所以會經常生氣和情緒偏執。同樣地，交通阻塞是引起怒氣和敵意的訊號。駕駛人對乘客吼叫，咒罵著是什麼事情害得時間耽誤。所有行為都是一個想法造成的：「這不應該發生，卻發生了，我要生氣，而且要讓別人也選擇不快樂。」

・在競賽中生氣。橋牌、網球、紙牌、撲克牌和其他各種競賽，都很容易激起怒氣。人們因搭檔或對手做得不對或違反規則而生氣，他們可能因為失誤而摔東西，比方說摔網球拍。儘管比起打人或對別人大叫，對運動器材又踢又摔是比較健康的行為，但它們仍然對當下的滿足構成障礙。

・對出現的時間和地點不當的人事物生氣。許多人會對他們覺得出現時間和地點不當的個人或事件大怒，例如，汽車駕駛人可能認定自行車或行人不應該出現在馬路上，而試圖將他們擠到路邊。這類怒氣可能極為危險，很多所謂的意外事故，實際上都是這種事件中失控的怒氣導致的嚴重結果。

・因繳稅生氣。不管你怎麼生氣也無法改變本國稅法，但一般人還是照樣生氣，因為稅率不是他們所期望的那樣。

・因別人拖延而生氣。如果你期望別人照你的時間表辦事，而別人沒有照做，你就會選擇生氣，而且會為此提出理由：「我有權生氣，他讓我等了半個鐘頭。」

- 因別人做事毫無章法或粗心草率而生氣。儘管你生氣只會鼓勵別人繼續我行我素，你可能還是堅持要生氣。
- 對沒有生命的東西生氣。如果撞到脛骨或鎚到大拇指，尖叫一聲可能有療癒作用，但如果真的氣到了，而且做些用拳頭擊牆之類的事，不只徒勞無功，也是自討苦吃。
- 因為東西掉了而生氣。不管生多大的氣，都找不回遺失的鑰匙或皮夾，而且還會妨礙你展開有效的搜尋。
- 因為世事難料而生氣。你可能不贊同政治、外交或經濟狀況，但你生氣以及隨之而來的停滯不前，將不會改變任何事。

生氣的多種面貌

我們已看過可能選擇生氣的一些狀況，現在來看看生氣的各種形式。

- 咒罵或嘲笑配偶、孩子、所愛的人或朋友。

・對人或物施暴，包括打、踢、摔。這種行為如果做得太極端，可能導致暴力犯罪，而暴力犯罪幾乎全都是因為暴怒而犯下的。除非情緒失控，而且怒氣導致暫時的瘋狂，否則不會發生謀殺和攻擊事件。認為生氣是正常現象，或是信服那些鼓勵你觸及自身憤怒並讓它發洩出來的心理學派，都可能造成危險。同樣地，有些電視節目、電影與書籍散布怒氣和暴力，並且從正常角度來呈現，也會對個人與社會造成危害。

・說「他激怒我」或「你真的惹惱了我」之類的話，這樣就是你選擇讓別人的行為使你不快樂。

・說「幹掉他」、「打敗他們」或「擊垮對手」之類的話，你可能認為這些只是說說而已，但這種話會助長怒氣與暴力，即使在友誼賽中也不例外。

・勃然大怒。這不僅是表達生氣的常見方式，而且經常讓大怒的人得償所願。

・譏諷、嘲笑及沈默對待。這些生氣的表現方式就像肢體暴力一樣傷人。

生氣行為的清單可能永遠列不完，上面的例子只是這個誤區中幾種最常見的生氣狀況。

選擇生氣的心理效益

要知道如何延長引起你發怒的時間，最有效的方式是先了解你生氣的理由。有些人很容易就動怒，以下是這種態度的心理動機。

- 每當你覺得自己難以處理，感到失意和挫敗時，你可以透過生氣，把這種感覺的責任推給別人或事情本身，而不用為自己的感覺負責。
- 你可以用生氣操縱怕你的人。尤其是對那些年紀比你小，或是生理或心理上比你小的人，特別有效。
- 生氣可以引起注意，因此你會覺得自己位高權重。
- 生氣是一種方便的藉口，你可以暫時發瘋，然後為自己辯解說：「我控制不住自己。」這樣你就可以用無法控制的邏輯為你自己的行為卸責。
- 你可以因生氣而得逞，因為別人寧可安撫你，也不願忍受你的怒氣。
- 如果你害怕親密或情愛，你可以對某件事情生氣，藉此避免「親密分享自己」這種充滿風險的行動。

・你可以利用內疚來操縱別人，讓對方懷疑「我做錯了什麼，使他這麼生氣？」當他們感到內疚，你便擁有權力。

・和人溝通時，偶爾會因為別人比你更強而感到威脅。你可以中斷這種溝通，只要運用生氣，便可避開顯得難堪的風險。

・要是生氣，就不必在自己身上費心。如此一來，你就可以把當下的時刻全花在「盛怒」這件輕而易舉的事上，避免進行任何可能改善自己的行動。你可以藉由生氣為自己解圍。

・發一次飆後，就可耽溺於自憐，並為了無人了解你而自怨自艾。

・生氣就可以不必清楚思考，因為大家都知道你在氣頭上，不能清楚思考，所以當你不想冷靜思考時，就乾脆把不愉快的舊帳都翻出來吵。

・只要發一頓脾氣，就可為自己沒有做或做不好事找到藉口。也許你還可以讓別人不敢勝過你，因為他們很怕你生氣。

・你可以說你需要憤怒來幫助你達成某項任務，藉此辯解你的生氣，但事實上，生氣往往會讓你停滯不前，永遠無法提高成果。

• 只要說生氣是人性使然，就可以為自己找到現成的藉口。「我是人嘛，人難免有脾氣。」

消除怒氣的方式

怒氣是可以消除的。想消除怒氣需要許多新的想法，而且只有在想生氣的當下才能完成。遇到令你生氣的人或事時，要意識你跟自己說些什麼，然後想出一些新說詞，來製造新的感覺及更有效益的行為。以下是打擊怒氣的一些具體策略。

• 首要策略是在生氣時要觸及自己的想法，提醒自己，不要只因為你過去一向如此做，就一直保持相同的想法。覺察是很重要的。

• 試著延緩憤怒。如果你對特定情況的反應通常是生氣，那就試試延後十五秒，然後再以一貫的方式發作。下一次，試試延後三十秒，不斷加長間隔時間。一旦能延緩怒氣，你就能學會控制。延緩就是控制，經過多次練習，最後就可以完全消除怒氣。

• 當你試圖建設性地運用生氣來教孩子某項事情時，要試著假裝生氣。提高嗓門，表情嚴峻，但是別讓自己經歷生氣所帶來的身心痛苦。

・別試著騙自己相信你喜歡自己覺得很乏味的事。你可以不喜歡某項事物，但不要對它動怒。

・生氣時提醒自己，每個人都有權利成為他想成為的樣子。對每個人不同的要求，只會讓自己氣得更久。設法讓別人有權選擇，正如你堅持你有權選擇一樣。

・要求某個你信任的人幫助你。請他在看到你生氣時，用口頭或是約定的訊號來告訴你。你得到訊號，就想想自己正在做什麼，然後嘗試運用延緩發怒的策略。

・做一份生氣日記，記錄你生氣的確切時間、地點及事情。審慎記下各個事項，強迫自己記錄所有生氣的行為。你很快就會發現，要是經常生氣，光是「必須記錄事項」這個舉動就會迫使你少生氣了。

・發一次脾氣後，告訴自己，你又失誤一次了。你的目標之一是要有不同的思考方式，這樣就不必再經歷這種怒氣。這種口頭聲明可讓你說出你做了什麼，也顯示你真的努力要改進。

・生氣時，試著靠近你所愛的某人。化解敵意的一個方法是一直握著對方的手，儘管你當時不願如此，但還是握手，直到你表達出自己的感覺，氣消了為止。

•不生氣時，跟最常受你氣的人談一談。聽聽彼此最會激怒人的做法，並且想出一個不會令人生氣的溝通方式。也許可以彼此說好寫紙條、傳送訊息，或散步緩和情緒，這樣你就不會繼續用無謂的怒氣彼此虐待。經過幾次緩和情緒的散步後，你會開始發現，生氣真是愚不可及。

•認清你的感覺以及你認為的伴侶的感覺，藉此讓你的憤怒延緩幾秒鐘。最初的前十秒最關鍵，一旦過了這十秒，你的怒氣往往會平息。

•記住，你認定的任何事，有半數時候會遭到半數人的非難。如果你能先預知別人會有異議，就不會選擇生氣。相反地，你會對自己說，世界就是如此，別人不可能贊同我所說、所想、所感覺、所做的每一件事。

•記住，雖然表達憤怒比生悶氣來得健康，但不慍不火才是最健康的選擇。一旦你不再把生氣視為自然或人性使然，你就有努力消除怒氣的內在動機。

•拋開你對別人的期望。沒有了期望，也就沒有憤怒。

•提醒自己，小孩本來就是活潑且吵鬧，為此生氣並沒有好處。雖然你可以在其他方面協助孩子作出建設性的選擇，但你永遠不可能改變他們的天性。

•愛你自己。如果你愛自己，就不會用對自己有害的怒氣來加重自己的負擔。

・交通阻塞時，計算時間，看看你不發脾氣能走多遠的路。努力控制自己，不要對乘客吼叫，可以跟對方話家常，問一般的問題。發揮創意運用這段時間，可以寫一封信、一首歌，或是想出擺脫車陣的方法、回憶生活中最興奮的性經驗，或者更好的是，擬出改善的計畫。

・不要讓各種挫折情況控制你的情緒，而是把改變這些情況當作挑戰，自然就沒有生氣的時間。

怒氣阻擋了去路，毫無好處。就像所有其他誤區一樣，生氣是一種利用身外事物解釋你感覺的方法。別管其他人，做你自己的選擇，但不要選擇生氣。

第12章 擺脫所有誤區的人

擺脫誤區的人太忙了，無暇顧及旁邊的人在做什麼。

沒有誤區行為的人，似乎不可能存在，但擺脫對自己有害的行為並非神話概念，是真正可能做到的。沒有死角地充分生活，是可以自行掌握的，你可以選擇在當下擁有完全的心理健康。最後這章全都在描述擺脫誤區想法與行為的人如何生活。你可以看出這種人的發展，他們有別於絕大多數人，區別在於他們有特殊的能力時時刻刻都能過著創造性的生活。

擺脫誤區的人與一般人不同，他們看來和一般人無異，但卻擁有不同的特質，這些特質並不是指種族、社會經濟或性別方面，他們無法清楚歸類到任何角色、職務、地域型態、教育水準或財務統計數字。他們有不同的特質，但這種差異並不是一般用來區分人們的傳統外在因素所能辨識的。他們可能富有，可能貧窮，可能是男，可能是女，可能是黑人，也可能是白人；可能住在任何地方，也可能做任何事情。他們是一群各式各樣的人，但卻有一項共同特質，那就是擺脫了誤區。你怎麼判斷你碰到的是不是這種人？從他們的言行，你會發現下面這些特質。

首先最明顯的是，你看到他們喜歡生活中的每一件事——他們樂於做任何事，不會浪費時間抱怨或希望事情是另外一個樣子。他們熱中於生活，想擁有生活中所能得到的一切。他們熱愛生命，喜愛野餐、電影、書籍、運動、音樂會、城市、農場、動物、山水等等。當你遇到這樣的人時，你會注意到，他們從不抱怨、無病呻吟或消極地嘆息。如果下雨，他們喜歡，如果天熱，他們也喜歡。無論是碰到交通阻塞，還是在參加宴會，或是單獨一人，他們都能處之泰然。他們不會假裝喜歡，而是會明智地接受現狀，並且具有在現實情況中自得其樂的特殊能力。問他們不喜歡什麼，很難逼他們提供誠實的答案。他們不懂得避雨，因為他們覺得雨很美，令人興奮，而且是自然景象，他們喜愛雨。爛泥雪水不會令他們生氣，他們觀察它，即使被濺得滿身，也能接受那是生活的一部分。他們喜歡貓嗎？喜歡；喜歡熊嗎？喜歡；蟲呢？喜歡。雖然這些人都不喜歡疾病、乾旱、蚊子、洪水等惱人的事物，但他們絕不會把當下用來抱怨這類事物，或是希望現況不是如此。如果需要根除這些事物，他們將全力以赴，而且樂在其中。你不妨試試找出他們不喜歡做的事，但你會發現很難找到。他們確實熱愛生活的人，他們全心投入生活，從生活中獲得他們所能得到的一切。

有些人把當下時刻耗費在為了過往之事而停滯不前，並因此感到內疚與焦慮。健康滿足的人不會有這種情況，當然，他們可能承認曾經犯錯，同時也發誓絕不再做適得其反的行為，但他們不會把時間浪費在但願自己沒有做某件事，也不會因為以前做過某件自己不喜歡的事而難過沮喪。完全擺脫內疚是健康的人的標誌。不追悔過去，也不問別人愚蠢的問題，而引起別人內疚，比方問說「為什麼你不換個方式做？」或「你自己難道不感到羞愧嗎？」他們似乎認清，往者已矣，再怎麼悔恨也改變不了過去。他們不費任何工夫就能自行擺脫內疚，因為那是自然而然的事，他們也絕不會讓別人選擇內疚。他們明白，現在悔恨過去，只會讓自己的形象更差。鑑往知來，遠勝於抱怨過去。你絕不會看到這些人藉著告訴別人「你們有多差」來操縱別人，你也絕對無法用同樣的方法來操縱他們。他們不會生你的氣，只會不理你、走開或改變話題。有些策略對大多數人極為有用，但對這類健康的人毫不管用。他們不會讓自己及其他人因為內疚而痛苦，而是在內疚出現時輕鬆略過這種情緒。

同樣地，擺脫誤區的人不會憂心忡忡，令其他人暴怒的因素幾乎影響不了這些人。他們不會預先規畫未來，也不虛耗光陰。他們拒絕擔憂，讓自己擺脫擔憂所帶來的焦慮。他們不知道如何擔憂，這不是他們性格的一部分。他們不一定隨時都能保持冷靜，但他們不願把當下的時間耗費在擔憂那些自己無法控制的未來事物。他們凡事以現在為重，內心常提醒自己，所有的憂慮應該是在當下發生，杞人憂天是不智之舉。

這些人活在當下，而非活在過去或未來。他們不受未知的事物威脅，積極尋求自己未曾遇過或不熟悉的經驗。他們喜歡不明確，隨時品味現在，知道現在就是他們的所有。他們不會為未來的事情預作計畫，也不會在等待事情發生時，任憑漫長的光陰消逝。不同事情之間的空檔，就像事件本身花費的時間一樣的可貴。擺脫誤區的人有一種神奇的能力，能從日常生活中找到樂趣。他們不是拖延者，不未雨綢繆，也許我們的文化不贊同他們的行為，他們也不因此氣餒。他們享受當下的快樂，等到「將來的現在」來臨時，他們便把握那時的快樂，這些人永遠在享受快樂中，因為他們認為，等待快樂是愚不可及的。這是一種自然的生活方式，就像小孩子或動物的生活方式一樣。他們忙著追求當下的滿足，而大多數的人卻把生命耗費在等待報酬上，以致永遠無法掌握它們。

這些健康的人顯然是獨立的，他們會離巢，雖然很愛家，但也認為，在一切的關係之中，獨立優於依賴。他們重視自己免於期望的自由，他們的關係建立在個人有權利自行做決定的相互尊重上。他們的愛不包括把價值觀強加在所愛的人身上。他們很重視隱私，這有時會使別人覺得受到冷落或排斥。他們有時候喜歡獨處，而且會極力確保自己的隱私權。你會發現，這些人不會捲入多重的親密關係，他們會選擇自己所愛，但是愛得深刻而敏感。依賴或不健全的人很難愛他們，因為他們堅持保有自己的自由。如果某人需要他們，他們會拒絕這種需要，認為這對雙方都有害。他們要自己所愛的人能獨立，做自己的選擇，過自己的生活。雖然他們喜歡並希望與別人在一起，但他們更希望對方在不需支持或依賴的情況下生活。因此，當你開始想依賴這些人時，你會發現他們消失了，先是情緒上疏遠，接著肢體行動上也跟著疏遠。他們拒絕在一項成熟的關係中依賴人，也不願被人依賴。對於孩子，他們提供了關愛者的榜樣，但也幾乎從一開始就處處以極大的愛心鼓勵孩子自立。

你在這些快樂、滿足的人身上還可以發現，他們不尋求別人的認可，這是很不常見的現象。沒有別人的認可與支持，他們照樣能做事。他們不追求大多數人所追求的榮譽，異常不在意別人的批評，幾乎不關心別人是否喜歡他們的言行。他們並不企圖去影響別人或取得對方的認可。這些人是內在控制型，所以並不在乎別人對他們行為的評價。他們並非對支持與認可毫不注意，只是不需要它。他們可能誠實得近乎直率，因為他們不會用專門取悅別人的花言巧語來傳達訊息。如果你想知道他們的想法，你聽到的便是他們心裡的話。反之，當你說些有關他們的風言風語，他們不會受打擊或停滯不前，而是會接受你提供的資訊，經由他們的價值體系過濾，用來使自己成長。他們不需要受每個人喜愛，也不過分希望自己所做的每件事都能被所有人贊同。他們明白，人生總會遭到某些不認可，他們的不尋常，在於他們能照自己而非別人的意思行事。

當你觀察這些人時，你會注意到，這些人不會被文化同化。他們並非叛逆，但確實做出了自己的選擇，即使這些選擇與別人的選擇相衝突。如果瑣碎的規範沒有什麼意義，他們可能就不予理會，對於許多人視為生活中重要環節的小習俗，他們可能聳聳肩，一笑置之。他們不是熱中參加雞尾酒會的人，也不會因為出於禮貌而參與閒聊。他們就是他們自己，雖然他們將社會視為生活中重要的一部分，但他們拒絕受社會支配，或是成為社會的奴隸。他們不會叛逆地攻擊，但他們內心知道，何時可以不理會社會的規範，並且明智而敏銳地做自己的事。

他們知道怎麼笑，怎麼製造歡笑。他們在任何情況中都能發現幽默，面對最荒唐與最嚴肅的場合，都笑得出來。他們喜歡讓別人笑，也擅長製造幽默。他們不是那種一板一眼過生活，嚴肅、沈悶的人，而是實行者，也經常因為在不對的時候表現不莊重而遭到嘲諷。他們找不到對的時候，因為他們知道，世上沒有適時適地做適當的事這回事。他們喜歡不協調的事，但不會耍帶有敵意的幽默，絕不用嘲弄的方式來製造幽默。他們不笑別人，而是與別人一起笑。他們確實是笑看人生，總是將整件事視為樂趣，即使他們對自己追求的目標很慎重。當他們退後一步來看人生時，他們知道，他們並不特別在意什麼，他們能夠享受及製造一種氣氛，使別人能為他們自己選擇喜悅，跟他們在一起很好玩。

這些人毫無怨尤地接受自己。他們知道自己是人，人必然有人的屬性。他們知道自己外表看起來有某種樣子，而且全盤接受。如果他們長得很高，那很好，但長得矮也一樣好。禿頭沒什麼不好，頭髮多也很好。他們甚至可以和汗臭和平共處！他們不整型造假，而是接受自己，所以他們是最自然的人。他們不用人造的東西來掩飾自己，從不為原來的樣子抱憾。他們不認為自己身上的某個部分會令他們不悅，他們喜歡自己，接受自己的樣子。同樣地，他們接受自然狀況，不會希望它不是這樣。他們也從不抱怨那些無法改變的事，比方說熱浪、暴風雨或寒流。他們接受自己與世界本來的樣子，不偽裝、不無病呻吟，只是順其自然接受。和他們相處多年，你從未聽到他們自貶或企求什麼，只會看到他們埋頭做事。你看到他們以世界本來的樣子來看世界，就像接受大自然界並且喜愛它的孩子一樣。

他們欣賞大自然，喜愛待在戶外，遊覽未遭人工破壞的原始自然景觀。他們特別喜愛山林、日落、河川、花草樹木、各種動植物。他們是自然主義者，不喜歡繁文縟節，也不喜歡矯飾，而喜愛整個宇宙的自然。他們不會熱中於上酒店、夜店、宴會、開會、菸味瀰漫的房間等，不過他們當然也能盡情享受這類活動。他們與自然（或可說是「上帝的世界」）和平共處，但在人類創造的世界中也能夠怡然自得。他們能欣賞別人司空見慣的事，永遠不會對看日落或森林旅行厭倦，飛翔的鳥兒一直都是絕佳的景象。毛毛蟲變蝴蝶、母貓生小貓，他們都看不厭，自然而然地欣賞自然界的一切景觀。某部分人可能覺得這是做作，但這些人不管別人怎麼想，他們忙著對滿足當下的無窮可能性感到驚豔。

他們對於別人的行為有洞察力，別人覺得複雜難辨的情況，他們看得十分清楚。在他們眼中，困擾許多人的問題往往只是芝麻小事。不感情用事，使他們能夠克服別人所不能克服的障礙。他們對自己也有洞察力，能立刻認清別人企圖對他們做什麼，在同樣的情況中，別人會被激怒並且停滯不前，他們卻可以聳聳肩不理會。他們從不會困惑或被難倒，大多數人覺得疑惑難解的事，他們往往認為是有現成解決辦法的簡單情況。他們不會把焦點放在自己情感世界裡的問題。對這些人來說，問題不只是有待克服的障礙，而是反映出他們是怎樣或不是怎樣的人。他們的自我價值存於內心，因此，他們能以客觀的角度看待任何外在疑慮，而不是將它視為對個人價值的威脅。這是一種最難了解的特質，因為大多數人很容易受外在的事件、意見或人所威脅，但健全、獨立的人不知道什麼事能威脅到他們，這種特質使他們能威脅到別人，而非受人威脅。

他們從不參與無謂的爭論。他們不是見風轉舵的人，不會藉投身活動提高自己的重要性。如果爭論有助於帶來改變，他們會據理力爭，但絕不做無謂的爭鬥。他們不是殉道者，而是實行者，也是助人者。他們幾乎一直在努力使別人的生活更愉快或更好過。他們是社會改革前線的戰士，但他們不會每晚把白天的奮鬥帶上床，使自己得到潰瘍、心臟病或其他疾病。他們不會以刻板印象看人，甚至很少注意人們身體上的差異，包括種族、族群、高矮、性別等。他們不以外貌取人，雖然他們看起來似乎是享樂主義者而且自私自利，其實他們大部分時間都用於服務他人。為什麼？因為他們喜歡這樣做。

這些人不是病弱的一群。他們不相信感冒或頭痛就會使他們動彈不得，而是相信自己有力量排除這些疾病。他們從不向別人訴說自己有多麼不舒服、多麼疲憊，或身體有什麼病。他們愛惜自己的身體，注意飲食，經常運動（把運動當作生活方式），拒絕經歷使許多人在各種期間感到軟弱無助的疾病。他們喜歡好好生活，而且確實這麼做。

這些人的另一種特性是誠實。他們不會逃避自己的反應，對任何事情也不會假裝或說謊。他們認為說謊是扭曲事實，所以不會做這種自欺的行為。雖然他們是注重隱私的人，但他們也會實話實說，避免扭曲事實，以保護別人。他們知道自己的世界在自己手中，別人也是。因此，他們的行事方式通常顯得很冷酷，但其實他們只是讓別人自己做決定。他們有效地處理事情的真相，卻不要求照著他們期望的樣子。

這些人不責備別人，他們的人格導向是由內在控制，不會推諉責任。同樣地，他們也不會花很多時間議論別人、注意別人做了什麼或沒做什麼。他們不在背後議論，但會與人正面討論。他們不怪罪別人，而是幫助別人和自己區分責任歸屬。他們不說三道四或散布謠言，有效管理自己的生活已經夠忙了，沒空進行耗時費力的合謀勾結。實行者腳踏實地做事，批評者只會責怪和抱怨。

這些人在生活中不大在乎秩序、組織或系統。他們很自律，但不要求外在人事物必須符合他們對一切事情的觀點。他們對別人不要求「應該如何如何」，而認為每個人都有選擇權利，那些讓人抓狂的瑣事只是別人選擇的結果。他們認為世界不一定要像什麼樣子，他們對簡潔或秩序沒有先入為主的觀念，他們對事物講求的是功能，但如果事情不符合自己偏好的想法，那也無所謂。對這些人來說，組織本身只是一種有用的手段，而非目的。由於這種不僵化的組織觀念，他們饒富創意。他們以自己獨特的方式處理任何問題，不論是煮一碗湯、寫一篇報告，或是除草，都是如此。他們將自己的想像力運用到行動上，因此，凡事都能以有創意的方式進行。他們不一定會以特定的方式處理事情，也不一定凡事求助指南手冊或詢問專家，而是以他們認為適合的方式去解決問題。這就是創意，毫無例外地，他們具有這種創意。

這些人精力充沛，需要的睡眠似乎比較少，對生活總是興致勃勃。他們實事求是，身體健康，當他們選擇集中大量精力完成一項任務，是因為這項任務能令他們滿足當下。他們的精力並非超凡，只是因他們熱愛生命及生命中的一切活動，才能如此。他們不知何謂厭倦。生活中的一切事物，提供了做事、思考、感覺及生活的機會，他們知道如何將自己的精力應用到所有的生活狀況，即使有朝一日行動自由被限制，他們仍將以具創意的方式思考，以避免對事情失去興趣而陷入停擺。他們把精力用在對自己有效益的地方，所以他們的生活中不存在厭倦。

他們極具好奇心，永遠覺得學無止境。他們追求更多知識，想利用生命的每一刻去學習。他們不在意做對或做錯，如果事情行不通，或是未能獲得最大的功效，就予以放棄，不會悔恨。在學習方面，他們是真正的追尋者，總是為學習更多而興奮，從不相信自己是已定型的成品。若是遇上理髮師，他們就想要學理髮，他們從不覺得自己高人一等或是表現優越，也從不向別人炫耀自己的功績，以博得喝采。他們向孩子，證券經紀人和動物學習，他們想知道更多關於焊工、廚師、性工作者或公司副總裁所做的事。他們是學生，不是老師，他們了解的永遠不夠多，他們也不知道如何擺架子或表現優越，因為他們從未有這些感覺。每個人、每件東西、每件事，都代表一個可以學到更多的機會。他們積極追求自己的興趣，不會坐等知識出現，而是主動爭取。他們不怕跟女服務生攀談，或是詢問一位牙醫，整天把手伸進別人嘴裡是什麼感覺，或是請教一位詩人，這句詩是什麼意思。

他們不怕失敗，事實上，他們通常歡迎失敗。他們不認為事業成功就等於他這個人成功。由於他們的自我價值來自內在，他們可以客觀地將任何外在事件視為有效或無效。他們知道，失敗只是別人的主觀意見，他們並不怕，因為失敗無損於自我價值。所以，他們會嘗試、參與，只因為這樣做很有趣，從來都不必害怕必須為失敗作出解釋。同樣地，他們從不選擇讓自己停滯不前的怒氣，運用這同樣的邏輯（不必每次去想這種邏輯，因為那已成為一種生活方式），他們不會對自己說，別人不該這樣、事情不該那樣。他們接受別人的本來面目，致力改變自己不喜歡的事情。因為不期望別人或事物應該如何，所以他們不可能生氣。這些人能消除對自己有害的情緒，並善用能提升自己的良好情緒。

這些快樂的人不太存有戒心，他們不會耍手段，試圖讓別人對他們留下深刻印象。他們不會為別人的讚許而特別講究衣著，也不會裝出為自己的行為辯解的樣子。他們單純自然，不會接受製造任何大小爭端的誘惑。他們不好爭論，也不是急躁鹵莽的辯論者，他們只是說出自己的看法，聽取別人的意見，並且明白試圖說服別人像他們一樣是徒勞無功的。他們只會說：「沒關係，我們看法不同，我們不一定要意見一致。」他們順其自然，覺得沒有必要贏得辯論，或是說服對手承認他的立場錯誤。他們不怕給人壞印象，但也不會刻意這麼做。

他們的價值觀不是地域性的。他們認為自己不屬於家庭、鄰里、社區、城市、省份或國家，而是屬於人類，一個失業的奧地利人不會比一個失業的加州人更好或更差。他們不是某個特殊領域的忠實擁護者，而認為自己是全人類的一部分。他們不會因為敵人死傷較多而高興，因為敵人和盟友一樣都是人類。他們並不認同用來區分人群的人為分界線，他們超越了傳統的分界線，但這通常會導致別人將他們貼上叛徒、甚至叛國者的標籤。

他們心目中沒有英雄或偶像，對所有人一視同仁，不會把別人捧得比自己高。他們不要求凡事公平，當別人享有較多特權時，他們將之視為當事人的福利，而非自己不快樂的理由。當他們與對手比賽時，他們希望對方表現良好，而非希望對方表現太差，使自己不戰而勝。他們要靠自己得勝，不願因別人失誤而得利。他們不堅持人生而平等，只從內心尋求快樂，他們不批評人，不幸災樂禍。他們太忙了，無暇顧及旁邊的人在做什麼。

最重要的是，他們愛自己。他們受成長的欲望所激勵，如果有所選擇，他們必定會對自己很好。他們無暇自憐、自我排斥、自暴自棄。如果你問他們「你喜歡自己嗎？」得到的回答一定是：「當然喜歡！」他們確實就像珍禽般可貴，對他們來說，每一天都令人喜悅，他們快樂地生活在所有的當下裡。他們並不是沒有問題，只是沒有因為問題所產生的情緒停滯。衡量他們心理健康的標準，不在於他們是否跌倒，而在於他們跌倒時怎麼做。他們是躺在那兒哀聲嘆氣嗎？不是，他們站起來，拍掉灰塵，繼續過日子。擺脫誤區的人不追求快樂，他們生活，而快樂就是他們的報酬。

以下引用《讀者文摘》（*Reader's Digest*）裡有關快樂的一篇文章，作為我們所談論的高效益生活對策的總結：

世上最讓人難以接近快樂的事情，莫過於試著尋找快樂。歷史學家威爾・杜蘭（Will

Durant）曾描述，他想在知識中尋找快樂，結果只找到幻滅；想透過旅遊尋找快樂，只找到疲倦；想在財富中尋找快樂，只找到衝突與憂慮；想在寫作中尋找快樂，只找到疲憊。有一天，他看到一位婦人手中抱著熟睡的嬰兒，在一輛小汽車裡等待，後來有一位男子下了火車，走到這輛汽車旁邊，溫柔地親吻婦人與嬰兒，他動作非常輕柔，深怕驚醒孩子，後來這一家三口開車離去。杜蘭因此頓悟快樂的真義，整個人輕鬆起來，他發現「生活中的每一項尋常事物都蘊含著某種愉悅。」

把你的當下用在充分實現自我，你將成為這類人，而不再只是名旁觀者。擺脫誤區，這是多麼令人愉快的想法。你現在就可以做出這項選擇——但前提是，你要選擇！

為什麼你不敢面對真實的自己——

停止內疚、恐懼，別再製造藉口，過你想過的生活（二版）

Your Erroneous Zones: Step-by-Step Advice for Escaping the Trap of Negative Thinking and Taking Control of Your Life

作　　者——偉恩・戴爾博士（Dr.Wayne W. Dyer）
譯　　者——林麗冠
封面設計——呂德芬
責任編輯——張海靜、許可欣
業務發行——王綬晨、邱紹溢、劉文雅
行銷企畫——黃羿潔
副總編輯——張海靜
總 編 輯——王思迅
發 行 人——蘇拾平
出　　版——如果出版
發　　行——大雁出版基地
地　　址——新北市新店區北新路三段207-3號5樓
電　　話——（02）8913-1005
傳　　真——（02）8913-1056
讀者傳真服務—（02）8913-1056
讀者服務 E-mail——andbooks@andbooks.com.tw
劃撥帳號 19983379
戶　　名 大雁文化事業股份有限公司
出版日期 2023 年 12 月 二版
定價 420 元
ISBN 978-626-7334-56-0

歡迎光臨大雁出版基地官網
www.andbooks.com.tw
訂閱電子報並填寫回函卡

國家圖書館出版品預行編目資料

為什麼你不敢面對真實的自己?：停止內疚、恐懼,別再製造藉口,過你想過的生活 / 偉恩.戴爾(Wayne W. Dyer)著；林麗冠譯. -- 二版. -- 新北市：如果出版：大雁出版基地發行, 2023.12
面；　公分
譯自：Your erroneous zones : step-by-step advice for escaping the trap of negative thinking and taking control of your life
ISBN 978-626-7334-56-0(平裝)

1.CST: 自我實現 2.CST: 恐懼 3.CST: 愧疚感

177.2　　112018548

如果